ENCONTROS COM DEUS NO JARDIM

Telmo
Martinello

ENCONTROS COM DEUS NO JARDIM

Vida

Editora Vida
Rua Conde de Sarzedas, 246 — Liberdade
CEP 01512-070 — São Paulo, SP
Tel.: 0 xx 11 2618 7000
atendimento@editoravida.com.br
www.editoravida.com.br
@editora_vida /editoravida

Editora-chefe: Sarah Lucchini
Edição/preparação: Paulo Peres
Revisão ortográfica: Bárbara Bie
Revisão de provas: Eliane Viza
Projeto gráfico: Claudia Fatel Lino
Diagramação: Willians Rentz
Capa: Marcelo Alves

ENCONTROS COM DEUS NO JARDIM

■

Exceto em caso de indicação contrária, todas as citações bíblicas foram extraídas da Nova Versão Internacional (NVI) © 1993, 2000, 2011 by International Bible Society, edição publicada por Editora Vida. Todos os direitos reservados.

Todas as citações bíblicas e de terceiros foram adaptadas segundo o Acordo Ortográfico da Língua Portuguesa, assinado em 1990, em vigor desde janeiro de 2009.

■

As opiniões expressas nesta obra refletem o ponto de vista de seus autores e não são necessariamente equivalentes às da Editora Vida ou de sua equipe editorial.

Todos os grifos são do autor, exceto os indicados.

1. edição: set. 2024

Dados Internacionais de Catalogação na Publicação (CIP)
(Câmara Brasileira do Livro, SP, Brasil)

Martinello, Telmo
Encontros com Deus no jardim / Telmo Martinello. -- 1. ed. -- São Paulo: Editora Vida, 2024.

ISBN 978-65-5584-537-2
e-ISBN: 978-65-5584-541-9

1. Crescimento espiritual 2. Cristianismo – Essência, natureza, etc. 3. Devoção a Deus 4. Espiritualidade – Cristianismo 5. Vida cristã I. Título.

24-219797 CDD-212.6

Índice para catálogo sistemático:

1. Deus : Conhecimento : Cristianismo 212.6
Aline Graziele Benitez - Bibliotecária - CRB-1/3129

*Com reverência, dedico este livro
ao grande jardineiro de nossas vidas:
Deus, que, com suas ferramentas de
amor, tem nos podado, cuidado,
cultivado e ornamentado para
um propósito eterno.*

SUMÁRIO

PREFÁCIO

Para mim, é um grande prazer apresentar este livro. Conheço o Telmo há vários anos e tenho a alegria de testemunhar pessoalmente essas lições que ele menciona sendo vividas e praticadas em sua própria vida e família. Ao ler esta obra, creio que o Espírito Santo ministrará e incendiará seu coração. É fascinante como as trivialidades do dia a dia podem abrir nossos olhos para uma realidade espiritual muitas vezes despercebida. Ficamos tão imersos no que cremos ser relevante, que acabamos perdendo de vista o verdadeiro sentido das coisas.

Tenho convicção de que este livro mexerá com sua imaginação a respeito do cuidado de Deus para conosco. Você perceberá que ele trabalha como um bom agricultor, que espera pacientemente pelos céus, para que liberem a chuva, e pela semente, para que decida morrer e, então, crescer, amadurecer e se multiplicar.

Impressiona-me como tantas coisas acontecem em um jardim. Foi em um que Deus colocou o homem pela primeira vez, e lá nos rebelamos. No mesmo lugar, também recebemos a promessa de que o Descendente esmagaria a cabeça da serpente. No Getsêmani, ele, o Verbo de Deus, o Unigênito, o Deus encarnado, derramou seu suor misturado com seu sangue para que pudéssemos ser restaurados.

Em João 19.41, está escrito que no local onde Jesus foi crucificado havia um jardim e um túmulo. Diria que também se encontravam possibilidades maravilhosas de ressurreição e esperança. Um lugar de flores, mas também de morte e renascimento. Lá, anjos disseram a Maria Madalena, Joana e Maria, que procuravam apenas um corpo morto: "Ele ressuscitou". No mesmo instante, as três foram inundadas de esperança e alegria. Minha oração é que você também seja surpreendido e se permita ser cuidado no jardim do Senhor. Leia as páginas a seguir com um coração aberto, para que o Espírito Santo possa conduzi-lo ao lugar de morte, mas também de restauração.

Pastor Judson de Oliveira

Ministério Judá

AGRADECIMENTOS

Aos meus mentores e pais espirituais, por acreditarem e investirem em minha vida.

Aos meus irmãos, que me encorajaram a escrever este livro.

Ao meu pai, Paulo, por confiar a mim os cuidados de seu jardim por anos, lugar onde começaram as lições registradas nesta obra.

À minha linda esposa, Viviane, por ser uma excelente mãe, uma mulher maravilhosa e a maior encorajadora para que este projeto se tornasse realidade.

Às minhas filhas, Vitória e Isabela, por enfeitarem meu jardim familiar com sua beleza e preciosidade.

A meu Aba, por ser tão lindo e se revelar a mim de formas simples, porém profunda, além de me ensinar dia a dia a não trocar o que tem valor pelo que tem preço. Por seu amor.

Obrigado.

INTRODUÇÃO

Nasci em Criciúma, uma cidade simpática no sul do estado de Santa Catarina, com aproximadamente 200 e poucos mil habitantes. Cresci em um bairro tranquilo; a casa dos meus pais, onde passei toda a minha infância, tinha um terreno imenso, com plantações de lavouras, criação de gado, galinhas, uma espaçosa varanda com várias redes e um belíssimo jardim que era o orgulho do meu pai. Minhas horas se dividiam entre estudar, brincar, jogar futebol e ajudá-lo a cuidar de seu querido jardim, sempre repleto de flores em suas épocas, um gramado vasto e verdejante, sem mencionar os coqueiros altos e majestosos. A vizinhança se encantava com tanta beleza. Era comum ouvir o comentário das pessoas: "Você mora na casa que tem aquele jardim lindo?".

Muitas vezes, eu passava horas deitado em uma rede na varanda, observando as flores e folhas de inúmeras tonalidades. Era um lugar de sossego e paz. Ajudar meu pai a cuidar do seu jardim era, além de um dever, uma alegria, e assim passei boa parte de minha infância. Enfim, cresci e segui o fluxo natural da vida. Casei-me, construí minha própria casa com uma espaçosa varanda, várias redes e, claro, um grande e lindo jardim. Era a minha vez de plantar as minhas flores, cuidar da minha grama e escolher a árvore certa para o local certo. Podia colocar em prática tudo o que aprendi e pratiquei na casa do meu pai.

Desde criança, sempre trabalhei e me dediquei bastante, fosse no jardim do meu pai ou no meu próprio. Os dois espaços me recompensaram ao me proporcionar momentos únicos e profundos. Muito do que sou devo a eles. O silêncio das árvores, o verde das folhas, o colorido das flores, o canto dos pássaros, a robustez dos troncos e galhos me ensinaram tanto sobre a vida e o Senhor. Como as Escrituras Sagradas afirmam, a criação e as coisas visíveis revelam o Criador e seus atributos invisíveis:

> Pois o que de Deus se pode conhecer é revelado entre eles, porque Deus lhes revelou. Pois, desde a criação do mundo, os atributos invisíveis de Deus — o seu eterno poder e a sua natureza divina — têm sido vistos claramente, sendo compreendidos por meio das coisas criadas, de forma que tais homens são indesculpáveis" (Romanos 1.19-20).

É como se Deus quisesse chamar nossa atenção para nos falar sobre quem ele é, sobre seu grande amor e seu desejo de se relacionar conosco. Descobri na beleza dos jardins traços de um Deus amoroso que a religião e a teologia não conseguem nos revelar. Encontrei encorajamento, consolo, paz em meio à guerra. Em dias sombrios, esperança em uma folha solitária, alegria em uma flor colorida, força em uma raiz obstinada. Como fui ministrado, curado e abençoado!

Em dezembro de 2014, comecei a publicar nas redes sociais algumas dessas experiências e percebi que elas também poderiam abençoar outras pessoas. Foi quando amigos e irmãos me incentivaram a escrever essas lições. Reuni as forças e a coragem que tinha e iniciei a jornada de tentar colocar em palavras tudo o que havia vivido na simplicidade de um jardim.

Meu desejo é que o conteúdo deste livro seja como o raminho de oliveira que a pomba levou em seu bico até Noé. Depois de muitos dias na arca, sem esperança — afinal, para onde ele olhava, via apenas água —, aquela foi a prova de que as águas do dilúvio estavam baixando; foi como tomar uma bebida refrescante em um deserto. Oro para que as palavras escritas nas seguintes páginas o edifiquem e tragam vida onde há morte, ânimo onde há desespero, fé onde há dúvida, amor onde há medo.

Entre no jardim do nosso Pai Celestial.

CAPÍTULO

01

FOCO NA GRAMA

“Não siga seu coração, guie seu coração.”

Luiz Hermínio

No final de 2012, por razões profissionais, mudei-me para Belo Horizonte. Passados quase dois anos lá, retornei à minha cidade natal. As expectativas eram muitas — rever amigos, família, minha casa. Entre tantas coisas que passavam pela minha cabeça, pensava em como estaria o meu querido jardim. Minha residência havia sido alugada durante meu período fora; portanto, estava muito ansioso para ver seu estado.

Quando cheguei, minha frustração foi grande. Deparei-me com uma cena horrível: a grama estava alta e malcuidada, havia tanto mato que não conseguia distinguir uma coisa da outra. As árvores não tinham sido podadas e os canteiros estavam sem flores. Uma tristeza invadiu meu coração. Nem sabia por onde começar. Minha filha reclamava que não conseguia brincar descalça porque havia espinhos na grama. Então, mãos à obra. Primeiro, comecei a cuidar da grama: cortei, adubei, apliquei fertilizantes e mantive uma rotina de rega.

Ela começou a crescer, ficando cada vez mais verde, até que, depois de dois meses, estava com uma cor vibrante novamente. Certo dia, após terminar o corte, deitei-me em uma das redes e desfrutei da paz do meu jardim. Reparei que todas as ervas daninhas, espinhos e mato haviam sumido. Agora, minha filha conseguia brincar sem se machucar. Naquele momento, fui ministrado poderosamente pelo Senhor. Percebi que, quando comecei a recuperar meu gramado, não fiquei tentando eliminar a "sujeira", mas me concentrei no cuidado da grama, que logo ficou forte e sufocou o mato.

Deus me lembrou de como Jesus focava no que havia de melhor nas pessoas. Ele olhou para a liderança e coragem que havia em Pedro, em vez de seu temperamento sanguíneo "hemorrágico". Quando Jesus o chamou na praia e perguntou se ele o amava, mesmo após ter sido negado três vezes, era como se estivesse dizendo: "Acredito no que há dentro de você". Poucos de nós acreditaríamos e investiríamos em Pedro, que, além de ser explosivo, era indouto e tinha crescido fora da cultura judaica. Ele não era a melhor opção para dar continuidade ao ministério de Jesus, com certeza. No Antigo Testamento, quando Deus fala com Gideão, ele diz: "vá com a força que você tem". O homem era medroso e tinha complexo de inferioridade; contudo, o Senhor viu nele algo bom, algo que nem ele conseguia ver.

Ninguém chamaria uma pessoa que possui má dicção para ser seu porta-voz em uma audiência com o presidente dos Estados Unidos; no entanto, Deus fez algo contrário a essa lógica humana. Ele chamou Moisés, um homem que não era eloquente, para falar com a maior autoridade de sua época, pois viu nele um coração obediente. De forma semelhante, Davi não aparentava ter as características de um rei; ele era pequeno e fisicamente fraco. Até o profeta Samuel se enganou pela aparência do garoto; porém, Davi possuía o que um rei deveria ter: um coração segundo a vontade de Deus, e foi nisso que o Altíssimo "apostou".

Notei que o foco do Senhor sempre esteve nas virtudes e potenciais do homem em vez de seus defeitos e limitações. Deus olhava com outros olhos. Assim, entendi algo interessante: quando priorizamos o que é bom nas pessoas e em nós mesmos, o que é mau perde as forças. Apoiado nessa ideia, lembrei-me de algo que Paulo escreveu em suas cartas, de que nosso pensamento deve estar no que é verdadeiro e de boa fama:

> Finalmente, irmãos, pensem em tudo o que for verdadeiro, tudo o que for digno de respeito, tudo o que for justo, tudo o que for puro, tudo o que for amável, tudo o que for de boa fama, em tudo o que houver alguma virtude ou algo de louvor (Filipenses 4.8).

O segredo não está em atacarmos o ódio, mas sim em promovermos o amor. Se nossos pensamentos forem bons, nossos sentimentos também serão; logo, nossas ações serão boas. Agora, se permitirmos que nossa mente seja negativa, tudo em nós refletirá esse estado. Precisamos mudar nosso foco, redirecionar nossa visão, extrair o que há de melhor das pessoas e investir no propósito para o qual fomos chamados. Se alguém que tem facilidade na língua portuguesa, mas dificuldade em matemática, concentrar apenas em melhorar na última matéria, talvez nunca se tornará um exímio escritor, mas um medíocre engenheiro.

Temos de parar de potencializar nossos erros e "choramingar" por conta de coisas que já passaram. Acredito que todos conhecemos a história da mulher de Ló; ela olhou para trás e paralisou. É isso que o passado quer fazer conosco. Precisamos nos lembrar de que Deus colocou qualidades em nós. Ele acredita em você, acredite também. Há uma frase atribuída à Madre Teresa de Calcutá,[1] que diz o seguinte: "quem tem tempo para julgar, não tem tempo para amar". O que você está fazendo com o seu tempo? Onde está investindo sua força? No mato ou na grama?

Vejo muitas pessoas perdendo tempo com discussões a respeito de formas e métodos — questionam se o batismo bíblico deve ser em água corrente ou parada, debatem sobre quem estava certo entre Calvino e Armínio, etc. Quando aquela mulher samaritana perguntou se deveria adorar em Jerusalém ou no poço de Jacó, Jesus respondeu que não importava o lugar, mas que fosse em Espírito e em Verdade (cf. João 4):

---

1. Madre Teresa de Calcutá foi uma religiosa católica de etnia albanesa naturalizada indiana, fundadora da congregação das Missionárias da Caridade, cujo carisma é o serviço aos mais pobres por meio da vivência do Evangelho de Jesus Cristo. Em 2015, a congregação fundada por ela contava com mais de 5 mil membros em 139 países. Por seu serviço aos pobres, tornou-se conhecida ainda em vida pelo codinome de "Santa das Sarjetas". Ela teve o seu trabalho reconhecido ao longo da vida por instituições dentro e fora da Índia, recebendo o Prêmio Nobel da Paz em 1979. É considerada, por alguns, como a missionária do século XX.

> No entanto, está chegando a hora, e de fato já chegou, em que os verdadeiros adoradores adorarão o Pai em espírito e em verdade. Estes são os adoradores que o Pai procura (João 4.23).

Cristo não focou na forma ou no lugar da adoração, mas sim no adorador. Da mesma forma, precisamos celebrar mais nossos pontos fortes em vez de ficarmos lamentando os erros que cometemos. Não estou dizendo para ignorarmos nossas falhas, pelo contrário, devemos sempre nos aperfeiçoar; porém, acredito que é melhor investir e potencializar as virtudes de Deus em nós. Se fizermos isso, matos e ervas daninhas (lutas, vícios e fraquezas), que tentamos eliminar há anos, sumirão sem percebermos.

Paulo tinha um espinho na carne e o Senhor lhe disse: "minha graça é suficiente para você", ou seja, tire os olhos do seu "espinho" e concentre-se na minha graça, que é infinitamente maior. Temos a mania de voltar nossos olhos para o que está errado ou que não deu certo, e essa atitude nos torna mal-humorados, pessimistas, além de arruinar nossos dias. Contudo, se focarmos no que deu certo e nas coisas boas que aconteceram, nossos dias e nosso humor serão melhores, e um sentimento nobre surgirá dentro de nós: a gratidão. O outro lado dessa moeda é problemático; costumamos esquecer que a ingratidão é amiga da miséria. Quando somos ingratos, atraímos a miséria; a gratidão, no entanto, atrai o favor de Deus. Infelizmente, a maioria de nós tem a tendência de superestimar problemas, dificuldades e erros. Precisamos começar a celebrar as vitórias já alcançadas e prosseguir com o foco no Alvo.

CAPÍTULO

02

AS PODAS SÃO BEM-VINDAS

Cada planta, árvore e flor em meu jardim tem uma finalidade. Tamanho, formato e cor determinam o local em que serão plantadas e o tipo de cuidado que receberão. Entre as diversas espécies que cultivo, existe uma conhecida como "buchinho". São arbustos arredondados que, com seu contorno e beleza, dão um toque especial ao ambiente. É comum que neles cresçam pequenos galhos que, apesar de bonitos, são indesejados, pois deformam a aparência redonda da planta. Curiosamente, não fazem mal para a sua saúde, mas roubam o seu propósito estético. Sendo assim, o que faço? Eu os podo.

Em João 15, Jesus nos ensina que as árvores são podadas para que possam dar mais frutos, ou seja, para cumprir uma função. Nos dois primeiros versículos do capítulo, ele afirma: "Eu sou a videira verdadeira, e o meu Pai é o agricultor. Ele corta todo ramo que, estando em mim, não der fruto. E poda todo aquele que der fruto, para que dê mais fruto ainda". As podas doem; no entanto, tudo o que interfere no desígnio de quem se entregou nas mãos do Jardineiro precisa ser cortado fora.

Existem coisas e pessoas que são tiradas de nossas vidas porque, de alguma maneira, prejudicam um desígnio maior. Não é que sejam más, senão que há um propósito acima delas.

Ninguém tem maior autoridade de consolar uma mãe que perdeu seu filho do que outra que sofreu a mesma dor. Um casamento que enfrentou uma tempestade conjugal e venceu pode ajudar outros em crise. As perdas e decepções que sofremos podem ser ferramentas de cura para outras pessoas. Assim, temos um propósito e, na caminhada cristã, Deus nos permitirá passar por situações que nos transformarão. Essas experiências nos servirão como pontes para ultrapassarmos obstáculos mais à frente. Sem dúvidas, as podas podem doer, mas geram frutos maiores e melhores.

Existe uma grande diferença entre a porta que Deus abre e a que ele fecha. Quando o Senhor abre uma porta, nossa gratidão é imediata. Quando ele fecha uma, agradecemos depois. Alguns "nãos" hoje serão celebrados amanhã. Um exemplo claro disso é quando Paulo suplica ao Altíssimo que remova um espinho de sua carne e recebe um "não" como resposta. Foi justamente isso que o manteve humilde: "Para evitar que eu me exaltasse por causa da grandeza dessas revelações, foi-me dado um espinho na carne, um mensageiro de Satanás, para me atormentar" (2Coríntios 12.7).

Não são os diplomas que nos dão autoridade, mas as cicatrizes. E sabe qual é o segredo delas? São resultado de podas. Diplomas indicam que você aprendeu alguma coisa, cicatrizes mostram que venceu batalhas. Mais do que apenas ensinar, a poda nos prova. Ao passarmos pelo processo, temos a impressão de retroceder ou perder algo; porém, estamos sendo alinhados com a vontade de Deus. Podemos tomar a analogia de uma flecha; antes de ser lançada, ela é puxada para trás. A tensão acumulada no arco é exatamente o que confere a força para que ela alcance seu destino com precisão e velocidade. Quanto maior for a tensão, mais longe ela voará.

Existem períodos em que passamos por podas difíceis. Qualquer pessoa que nos olhar, pensará que estamos fracos ou feios. E, de fato, uma árvore fica aparentemente feia ao ser podada. No entanto, essa é apenas uma fase temporária. Ela logo começará a florescer novamente e produzirá mais frutos. A intervenção do Jardineiro em nossas vidas é para que sempre possamos cumprir o propósito ao qual ele mesmo nos destinou.

Conforme lemos em João 15.2, a árvore que dá fruto é aparada para que dê mais frutos. Portanto, se estamos passando por momentos de ajustes, é para frutificarmos. Só recebem pedradas e pauladas as árvores carregadas; as infrutíferas são cortadas ou ignoradas. Sendo assim, podemos nos alegrar no Senhor pelos momentos em que somos atingidos por pedras. Sei que aquelas lançadas de perto costumam doer mais. Muitas vezes, pessoas próximas são ferramentas usadas por Deus para nos podar. José, por exemplo, foi vendido pelos próprios irmãos de sangue, mas foi essa poda dolorosa que fez com que ele se tornasse o governador do Egito, posição que lhe permitiu salvar sua família de um longo período de fome.

Além de considerar a estética e a frutificação, há outro motivo pelo qual aparo as árvores do meu jardim: para evitar que cresçam muito e eu já não consiga mais ornamentá-las. Certa vez, meu mentor e pai na fé me ensinou sobre uma característica particular da oliveira. Quando ela começa a crescer, o jardineiro a mantém em uma estatura pequena, de modo que até uma criança consiga colher seu fruto. Creio que nosso Jardineiro, Jesus, age de maneira semelhante conosco.

Ao ver que estamos nos tornando "grandes", sabidos e famosos demais, a ponto de não darmos atenção para o menor dos menores, ele vem e nos poda. Cristo faz isso para que nunca cresçamos a ponto de não sermos mais acessíveis. Se o orgulho e a prepotência começarem a brotar em nosso coração, tenha certeza de que seremos podados. Esse cuidado do Senhor nos protege de nós mesmos, nos mantém simples e não nos deixa esquecer de onde ele nos tirou.

Oro para que possamos crescer, sem nunca deixarmos de ser como uma criança. Ainda bem que estamos no jardim do nosso Pai Celestial; assim, ele pode nos aparar sempre, a fim de nos assemelhar mais a Jesus e, então, sermos frutíferos. Seu cuidado nos alinha com sua vontade e nos mantém no tamanho certo. Se você é uma árvore plantada no jardim do Senhor, prepare-se, pois as podas virão.

O cuidado de Deus nos alinha com sua vontade e nos mantém no tamanho certo.

CAPÍTULO

03

DIAS SECOS, RAÍZES FORTES

No meu jardim, há várias plantas. Algumas ficam onde a chuva escorre pela calha; portanto, sempre recebem uma quantidade maior de água. Em contraste, outras foram colocadas em locais secos, onde grande parte do dia estão expostas ao sol. Com o tempo, conforme as mudava de lugar, percebi algo interessante. Aquelas plantadas nos pontos secos, desenvolviam raízes mais profundas, grossas e difíceis de arrancar, pois se estendiam pelo solo em busca de umidade.

Às vezes, temos a impressão de que os desertos ou os dias secos da vida nos prejudicam, mas não. Períodos desafiadores nos forçam a aprofundar nossas raízes e estreitar nossa intimidade com Deus. Assim, nos tornamos mais fortes e, como resultado, não somos "arrancados" facilmente. É no deserto que estão as árvores de raízes mais profundas; caso contrário, não sobreviveriam às condições inóspitas da região. Foi em prisões que a maioria das cartas de Paulo, que nos abençoam até hoje, foram escritas.

Desse modo, as raízes são a parte da árvore que ninguém vê, estão escondidas embaixo da terra. Contudo, seu papel é vital; além de fornecerem sustento e estabilidade, elas absorvem os nutrientes do solo, sem os quais a árvore ou planta morreria. Se fizermos uma analogia, podemos associar nossa vida com Deus, fé e maturidade espiritual à raiz. Muitas vezes, na correria do dia a dia, nós nos esquecemos de cultivar nossa espiritualidade, e são as situações complicadas que nos fazem buscar a face do Senhor e clamar por sua bondade e socorro.

Depois de 40 dias no deserto, Jesus foi tentado por Satanás. O tempo que ele passou em jejum naquele lugar desconfortável e escasso aprofundou sua comunhão com o Pai. Quando o Diabo apareceu com seu poder terreno e soluções fáceis, Cristo estava espiritualmente pronto. Assim, venceu a tentação com autoridade e convicção (cf. Mateus 4.1-11). Esse relato bíblico nos ensina que os dias secos não sugam nossas "reservas de água", mas acionam ou desbloqueiam as fontes que existem dentro de nós. Temos o mau hábito de ir a Deus apenas quando as coisas não vão bem; por isso, ele permite que passemos por dias de muito sol e pouca ou nenhuma sombra, para que cresçamos segundo sua vontade.

A falta de água nos faz cavar poços. Muitas pessoas vivem e congregam em lugares onde há pouca umidade — tudo parece seco e a espiritualidade, estagnada. Essas situações as obrigam a crescer para baixo, cavar seus próprios poços e edificar um altar pessoal de relacionamento com Deus, em vez de esperar que alguém traga para elas um copinho de água por semana. Não estou dizendo que não dependemos uns dos outros. Somos membros do mesmo corpo; logo, somos interdependentes. No entanto, quando me refiro às raízes, falo a respeito de um relacionamento pessoal com o Senhor. Dias secos nos fazem buscar a fonte, assim, além de saciarmos nossa sede, também nos tornamos fontes de águas vivas para outros.

Pessoas que sobrevivem anos de estiagem se tornam fonte de provisão. Como um oásis, oferecem ajuda e esperança àqueles que estão passando por momentos de adversidade. Soldados que vencem batalhas são inspiração para outros. Já tive a oportunidade de ouvir pessoalmente um homem que lutou na 2ª Grande Guerra Mundial; fiquei maravilhado com suas histórias e a autoridade que transmitia. Não é por acaso que até mesmo coronéis param para ouvir um simples soldado que foi para o campo de batalha.

Lembre-se, cicatrizes falam e lutas são travadas para nos amadurecer. Não tenha dúvida de que são nos dias turbulentos, quando a superfície parece estéril e sem esperança, que nossas raízes crescem. Mesmo quando tudo parece árido, sempre há um reservatório de renovação esperando para ser descoberto. Portanto, não desista; descanse na Palavra do Senhor: "[...] bendito é o homem que confia no Senhor [...] ele será como uma árvore plantada junto às águas e que estende as suas raízes para o ribeiro. Ela não temerá quando chegar o calor, porque as suas folhas estão sempre verdes; não ficará ansiosa no ano da seca e nunca deixará de dar fruto" (Jeremias 17.7-8).

CAPÍTULO

04

LIGADOS AO TRONCO

Certo dia, enquanto observava meu jardim, algo curioso passou pela minha cabeça: nenhum galho precisa se esforçar para que suas folhas e frutos cresçam. A única coisa que os ramos de uma árvore ou planta precisam fazer é permanecer ligados ao tronco, e todo o resto acontecerá de maneira natural. Não desfalecem nem se cansam, pois recebem toda a nutrição de que necessitam diretamente do caule. Essa reflexão me lembrou das palavras de Jesus no Evangelho de João: "Eu sou a videira verdadeira, e o meu Pai é o agricultor" (João 15.1).

Às vezes, ficamos cansados porque nos preocupamos mais em produzir frutos do que em nos manter ligados ao tronco. Nossa busca excessiva por resultados acaba nos levando a nada mais que exaustão. Podemos compreender melhor essa dinâmica quando consideramos a natureza da adoração. Nós nos tornamos semelhantes a tudo o que adoramos. Não me refiro a cantar uma música, mas ao ato de venerar algo e de desejar estar em contato com isso. Se aplicarmos essa ideia ao nosso relacionamento com Jesus, a conclusão é simples: nossa proximidade com ele nos transformará. Por isso, temos de deixar de lado as preocupações alheias e nos aproximar de Cristo; assim, nos tornaremos parecidos a ele. Falaremos e pensaremos como nosso Salvador.

Ele disse que seu fardo é leve (cf. Mateus 11.30). Portanto, se você o sentir pesado, esse pode ser um sinal de que as coisas não estão sendo feitas conforme sua boa, perfeita e agradável vontade, ou que estamos carregando um fardo que não provém dele. Devemos investir tempo, ânimo e dedicação para permanecermos conectados ao Senhor; assim, os frutos nascerão naturalmente e receberemos "direção" do tronco. Paulo reforça essa ideia ao dizer que o crescimento vem do alto: "Eu plantei, Apolo regou, mas é Deus quem dá o crescimento" (1Coríntios 3.6).

Se você foi chamado para plantar, plante. Não invente de querer regar, podar, adubar e colher também. Muitos de nós estamos cansados porque tentamos fazer tudo sozinhos. É um tal de fazer, fazer, fazer e ganhar, ganhar, ganhar que só nos esgota. Em vez disso, faça o que Deus determinou para você e vá dormir. É comum pessoas comentarem que servir a Deus é penoso. No entanto, se o fardo está pesado, então não é o de Jesus. Pode ser qualquer um — o da religião, da aprovação dos homens ou da necessidade de ser aceito —, mas não o de Cristo.

Aprenda com o exemplo de Paulo. Plante e permita que outros reguem. Não é necessário se sobrecarregar com todas as etapas do processo. Só precisamos fazer o que nos é devido, aquilo pelo qual somos responsáveis. Deus é quem dará o crescimento. Jesus nos ensinou essa verdade por meio de uma parábola. Ele disse que o Reino de Deus é semelhante a um homem que lançou uma semente na terra e foi dormir. Dia e noite, sem saber como, a semente germinava e crescia (cf. Marcos 4.26-27). Nossa condição é a mesma, não sabemos como acontece, e não nos importa saber.

Jesus disse a Pedro que o tornaria um pescador de homens (cf. Mateus 4.19). Não seria um curso teológico ou um seminário que faria isso, mas o próprio Messias. Bastava Pedro deixar atrás sua rede de pescar peixes e se ligar ao tronco por três anos. Durante esse período, ele foi moldado, tratado, exortado, lapidado, corrigido, incentivado e amado. Quando jogou sua primeira "rede de pescar homens", pescou mais de 3 mil (cf. Atos 2. 41). Mas por que isso aconteceu? Porque os frutos nasceram naturalmente.

Muitos ministros, pastores e líderes desistem do ministério porque investem suas forças para dar frutos, mas não conseguem produzir nada que permaneça. Essa sensação de fracasso é uma realidade dolorosa para muitos. Por favor, permita-me abençoar sua vida com uma palavra de encorajamento: primeiramente, Deus quer você, e depois os seus frutos. Ele sabe que se você estiver ligado a ele, os frutos da sua vida serão lindos e saborosos. Precisamos aprender a descansar mais em Deus e na certeza de que ele é o responsável pelo florescimento e frutificação. É como Jesus disse: "Eu sou a videira, e vocês, os ramos. Se alguém permanecer em mim, e eu permanecer nele, esse dará muito fruto, pois sem mim vocês não podem fazer nada (João 15.5).

"Nada", no hebraico, no grego ou em qualquer outra língua, quer dizer *nada*. Nunca se esqueça das palavras de Jesus e tome cuidado com o ativismo religioso, que mata muitos homens e mulheres de Deus. Na busca, mesmo que legítima, por números e discípulos, muitos têm negligenciado seu relacionamento com Deus. O ministério tem se tornado um dos maiores inimigos do ministro. Da mesma forma, o dom tem se transformado em uma arma letal contra servos e servas. Isso acontece quando tais coisas ocupam um lugar que já tem dono em nossa vida. Afinal, as árvores e plantas não podem ser mais importantes do que o jardineiro.

Jesus subiu ao monte para orar e, após passar a noite lá, desceu e escolheu os seus 12 discípulos (cf. Lucas 6.12-16). Essa era uma decisão importante; por isso, ele manteve ligação com o Pai e buscou sua direção antes de qualquer coisa. Devemos seguir seu exemplo e manter conexão com o Senhor para que possamos gerar frutos. Esse é o nosso maior desafio: permanecer ligados ao tronco. Precisamos entrar nesse lugar de descanso e permitir que Cristo nos molde, corrija e transforme em bons pescadores de homens.

O ministério tem se tornado um dos maiores inimigos do ministro. Lembre-se: as árvores e as plantas não podem ser mais importantes do que o jardineiro.

CAPÍTULO

05

A FIGUEIRA PRODUZ FIGOS

No jardim, há plantas que encantam com suas flores, as que possuem frutos, algumas que servem de ninho e descanso para pássaros, e outras que alegram o lugar com sua beleza. É interessante observar que nenhuma delas é melhor ou pior do que a outra; todas têm uma função específica onde foram colocadas. No jardim de Deus também é assim; não há filhos piores ou melhores, mas há propósitos diferentes.

As Escrituras comparam a Igreja a uma família (cf. Efésios 2.19) e um exército (Efésios 6.10-13), pois somos filhos de um mesmo Pai e estamos em uma guerra espiritual sob às ordens do Senhor dos Exércitos. Outra metáfora bíblica é a da noiva (cf. Apocalipse 19.6-8) — uma alegoria que nos remete à preparação para o encontro com o nosso Amado, que em breve virá nos buscar. Contudo, além dessas analogias, a Igreja também é associada à imagem de um corpo, em que Jesus é a cabeça e nós, os membros (cf. 1Coríntios 12.12-14).

Não existe nada nele que não tenha uma função. Desde a menor célula até o maior órgão, cada elemento contribui para o bom funcionamento geral. A Bíblia nos ensina sobre essa questão ao afirmar que o olho e a cabeça não podem dizer que não necessitam das mãos ou dos pés (cf. 1Coríntios 12.20-21). A beleza do Corpo de Cristo está no fato de que o Altíssimo não deu tudo para apenas uma pessoa. Logo, todos somos interdependentes. Por exemplo, preciso do meu irmão que tem o dom de cura e ele precisa de mim, que tenho o dom da fé. No entanto, sempre tive dificuldade de entender o texto a seguir:

> Ao contrário, os membros do corpo que parecem mais fracos são indispensáveis, e os membros que consideramos menos honrosos tratamos com especial honra. Igualmente, os membros que em nós são indecorosos são tratados com decoro especial, já os que em nós são decorosos não precisam ser tratados de maneira especial. Deus, no entanto, estruturou o corpo dando maior honra aos membros que dela tinham falta (1Coríntios 12.22-24).

Certo dia, enquanto meditava nesses versículos, pensei em algo que mexeu comigo. Algumas partes do nosso corpo são alvos constantes de elogio. É comum ouvirmos comentários como "que olhos verdes lindos", "que cabelo maravilhoso" ou "que cor de pele bonita". Por outro lado, nunca ouvimos ninguém elogiar dizendo: "que intestino mais eficiente", "que pâncreas produtivo" ou "parabéns pelos seus rins". Foi quando compreendi o que Deus quis nos falar por meio de Paulo.

Os olhos sempre são elogiados, enquanto o intestino raramente recebe qualquer menção. No entanto, sem os olhos, o corpo, mesmo que debilitado, sobrevive; mas sem o intestino, não. Alguns membros têm mais visibilidade, por isso, acabam sendo alvos de reconhecimento e aplausos. Outros, estão mais escondidos; não estão em destaque nos púlpitos, nem são famosos, mas, sem eles, o corpo morre. Todos no jardim de Deus possuem um propósito específico e especial. Todos têm, pelo menos, um talento.

Talvez você não tenha flores, mas seja um bom lugar onde pessoas encontram descanso e segurança para gerarem seus sonhos, assim como pássaros escolhem fazer seus ninhos em árvores que lhes oferecem proteção. O dom que Deus colocou sobre você é irrevogável e intransferível. Não permita que a opinião de terceiros impeça você de fluir em seu chamado. Da mesma forma, evite se medir por padrões alheios. Comparar-se com alguém à sua frente pode deprimi-lo, enquanto se comparar com alguém à sua retaguarda, pode gerar soberba em seu coração. Uma figueira não pode ser comparada a uma orquídea, pois, embora a beleza de uma seja tão magnífica quanto os frutos da outra, cada uma delas possui um lugar distinto na natureza.

Talvez sua oratória não edifique ninguém, mas seu abraço consolará o solitário. É possível que você nunca componha uma canção que ofereça alento e esperança a alguém, mas seus recursos podem alcançar o necessitado. Mesmo que jamais escreva um livro ou grave um CD, você pode oferecer sua atenção a quem precisa, ser pai para um órfão e acolher em sua casa um estrangeiro. Em qualquer circunstância, seja quem Deus o chamou para ser.

É interessante observar como a notoriedade de Paulo difere da de Barnabé. Sem dúvida, a maioria de nós já ouviu pelo menos uma pregação sobre Paulo e suas cartas; mas quantas pregações você já ouviu a respeito de Barnabé? A Bíblia não relata nenhum milagre feito por esse discípulo de Jesus. Entretanto, ele foi o "pai na fé" e discipulador de Paulo, ou seja, responsável pela vida espiritual de um dos maiores nomes do cristianismo. Existem inúmeros Barnabés por aí que, apesar de permanecerem no anonimato, estão cumprindo o que Deus os chamou para fazer.

Imagino que você já tenha ouvido falar a respeito do grande avivalista John Wesley[1], o homem que marcou seu tempo e geração. Contudo, por trás desse grande homem de Deus havia uma mulher chamada Susana Wesley, sua mãe, que alfabetizou seus 19 filhos com a Bíblia. Quantas Susanas estão por aí, trabalhando sem parar nos bastidores, longe dos palcos? Histórias como a dessa mulher nos ensinam sobre a importância de sermos fiéis no que está

1. John Wesley foi um clérigo anglicano e teólogo amplamente reconhecido como o fundador do metodismo. Nascido em 1703, em Epworth, Inglaterra, Wesley foi educado em Oxford, onde se destacou academicamente. Ele iniciou um movimento dentro da Igreja Anglicana que enfatizava a importância da fé pessoal e da santidade. Suas pregações ao ar livre e seu método sistemático de discipulado cristão foram inovadores e atraíram uma ampla audiência, levando à formação de sociedades metodistas que, eventualmente, se tornaram uma denominação distinta após sua morte em 1791.

em nossas mãos. Portanto, independentemente da sua função, seja excelente e fiel em tudo o que fizer. Um dia, o Senhor dirá a você: "[...] Muito bem, servo bom e fiel! Você foi fiel no pouco; eu o porei sobre o muito. Venha e participe da alegria do seu senhor!" (Mateus 25.21).

CAPÍTULO

06

PLANTAR, REGAR E FLORESCER

“O que eu faço é uma gota no meio de um oceano. Mas sem ela, o oceano seria menor.”

Frase atribuída a

Madre Tereza de Calcutá

Quando pessoas visitam minha casa, é comum comentarem: "Seu jardim é lindo. Deve ser trabalhoso cuidar dele". E realmente é. Dedico-me muito para mantê-lo em boas condições. Corto grama a cada sete dias, uso adubos, compro plantas novas e me preocupo com cada detalhe. Muitos sonham com um jardim bonito e aconchegante, mas poucos estão dispostos a investir o tempo e os recursos necessários para isso.

Não é por acaso que pessoas bem-sucedidas emocional, financeira e espiritualmente alcançam seus objetivos; existe empenho, investimento e obediência de sua parte. Por trás de um "jardim bonito" há choro, renúncia, estudo, perdão e cicatrizes, mas sua beleza faz valer a pena todo esforço. Plantar dá trabalho. Regar e podar demanda ainda mais esforço, e aquilo que nos cabe fazer, o Jardineiro não o fará em nosso lugar.

Um jovem estuda durante anos para obter conhecimento, renuncia dias de lazer e tantas outras coisas. Qual é o resultado? Ele é aprovado em medicina (ou algum outro curso com alto grau de dificuldade). Outros podem apenas admirar seu feito ou, então, escolher imitá-lo. Da mesma forma, pessoas que perdoam, apaziguam situações ou buscam consertos, alcançam níveis de maturidade emocional maiores. Esse princípio também se aplica à vida espiritual. Quando busco a Deus e me dedico a crescer na sabedoria da Palavra, meu espírito chega a níveis mais altos.

Assim como só ganhamos experiência superando desafios, nossos músculos espirituais só se desenvolvem em desertos. Embora sejamos salvos, ainda podemos ter uma vida medíocre em diversas áreas; por isso, é importante investir em nossos "jardins". O crescimento, os frutos e as flores dependem do Senhor. O plantio, a rega e o cuidado, no entanto, são responsabilidades que cabem a nós.

Como pai, posso dedicar mais tempo às minhas filhas em vez de ficar horas extras no trabalho ou em alguma atividade da igreja. É possível embelezar meu relacionamento conjugal com um buquê de flores para minha esposa ou um convite para jantarmos fora. Se pensarmos na vida profissional, sempre há espaço para aperfeiçoamento. Buscar conhecer melhor o que faço, realizar cursos ou até fazer uma pós-graduação são boas opções.

Não é diferente com nosso jardim espiritual; é necessário zelo e disposição para renunciar a qualquer coisa que possa nos afastar da presença do Senhor. Temos de passar tempo com ele e meditar em sua Palavra dia e noite, para cumprir fielmente tudo o que está escrito nela (cf. Josué 1.8). Não tenha dúvida, valerá a pena. Naturalmente, seu jardim ficará mais verde e tudo o que você fizer prosperará:

> Bem-aventurado aquele que não anda segundo o conselho dos ímpios, não se detém no caminho dos pecadores nem se assenta na companhia dos zombadores. Ao contrário, a sua satisfação está na lei do Senhor, e na sua lei medita dia e noite. É como árvore plantada junto a ribeiros: dá fruto no tempo certo e as suas folhas não murcham. Tudo o que ele faz prospera (Salmos 1.1-3).

CAPÍTULO

07

A FRUTA MADURA CAI PRIMEIRO

**“Não faça o que dá certo,
faça o que é certo fazer.”**

Luiz Hermínio

Toda vez que recolho um fruto do chão, ele está maduro, e o interessante é que os frutos maduros são os primeiros a cair. Em contraste, quando vejo um fruto verde caído, sei que foi derrubado por um vento forte ou alguém, pois ainda não estava pronto para se desprender do galho. Essa observação é aplicável a contextos humanos. Sempre em uma situação de conflito, o mais maduro "cai" primeiro. Ele entende que, às vezes, é preciso perder para ganhar. Sua maturidade se revela na sua disposição de se humilhar em favor de um bem maior.

Em Malaquias 4.6, está escrito que Deus "[...] fará que o coração dos pais se volte para os seus filhos, e o coração dos filhos, para os seus pais". No entanto, é interessante notar que, primeiramente, são os pais — a geração mais velha — que se voltarão para os filhos. Esse princípio também é relatado em Apocalipse, quando os 24 anciãos jogam suas coroas aos pés de Jesus (cf. Apocalipse 24.10). Por que são os anciãos que fazem isso? A resposta é simples, somente pessoas maduras são capazes de abrir mão de seus direitos e honrarias.

Quando os religiosos trouxeram até Jesus uma mulher flagrada em adultério para ser apedrejada, perguntaram se ela deveria ou não ser punida como dizia a Lei de Moisés. Cristo disse: "[...] se algum de vocês estiver sem pecado, seja o primeiro a atirar pedra nela" (João 8.7). Está escrito que "os que o ouviram, acusados pela consciência, foram saindo, um de cada vez, começando pelos mais velhos [...]" (João 8.9). Os primeiros a reconhecer que eram tão pecadores quanto aquela mulher foram os mais velhos, ou seja, os mais maduros.

Todos sabemos que o ser humano tem dificuldade em se humilhar. Não gostamos nem de perder no "par ou ímpar". No entanto, Jesus trouxe à tona outra realidade. Ele pegou um balde e uma toalha e redefiniu o conceito de grandeza ao se abaixar para lavar os pés dos seus discípulos. Ele não esperou ser servido, mas serviu. Apesar de ser Deus, não ousou ser igual a ele. Pelo contrário, Cristo abriu mão de sua glória e tomou a posição de servo.

Quantos relacionamentos já não foram destruídos por imaturidade? Há alguns anos, em função de opiniões teológicas diferentes e insensatez, perdi um relacionamento de longa data com uma família de amigos que amava. Afastei-me por achar que estava com a razão. Contudo, a situação me fez sofrer muito. Por dois anos, não tive contato com eles. Costumávamos nos ver quase todos os dias e a falta dessa convivência deixou um vazio imenso em meu coração.

Certo dia, fui "encomendado" pelo Espírito Santo a me humilhar. Lembro-me como se fosse ontem das suas palavras: "Vá até a casa deles e peça perdão, independentemente de ter errado ou não. Humilhe-se e tente recuperar essa amizade". Confesso que foi difícil fazer isso, mas percebi que Cristo estava me conduzindo a um nível mais alto de maturidade. Liguei para eles e pedi para ir a sua casa. Chegando lá, antes mesmo de me sentar no sofá, expliquei o motivo da minha visita e pedi perdão pelas minhas atitudes. Os dois também me pediram perdão, e nos reconciliamos. Foi um momento lindo e, naquele mesmo ano, nossas famílias passaram o Natal juntas. Desse modo, aprendi que, quando nos humilhamos e reconhecemos nossos erros, eliminamos conflitos e restabelecemos a paz.

Lembre-se, um discípulo de Jesus cresce para baixo. Em Tiago 4.10, está escrito: "Humilhem-se diante do Senhor, e ele os exaltará". À medida que nos aproximamos da Cruz, nos tornamos mais mansos, humildes e doces. Afinal, uma fruta madura é doce. Seja simples como Jesus; ele nasceu em uma manjedoura, entrou em Jerusalém montado em um jumentinho e escolheu o amor louco de uma cruz. Nosso Salvador deixou sua glória para habitar entre nós. Ele é o rei que se fez carpinteiro e, hoje, nos convida a seguir seu exemplo de humildade.

CAPÍTULO

08

QUE NINGUÉM NOS ARRANQUE

Quando arranco da terra uma planta em meu jardim, noto que, em poucas horas — às vezes, minutos ou dias —, suas folhas começam a murchar. Logo, ficam totalmente secas e sem vida. Lembrei-me de quando Deus disse à parte seca em Gênesis: "[...] que a terra faça brotar vegetação: plantas que produzam sementes e árvores frutíferas, cujos frutos contenham sementes [...]" (1.11) e para o conjunto de águas, ele ordenou: "[...] encham-se as águas de seres vivos [...]" (Gênesis 1.20). No entanto, quando chegou a vez de criar o homem, ele disse: "Façamos o ser humano [...]" (Gênesis 1.26 – NAA).

As plantas vieram da terra, por isso, quando são arrancadas, morrem. Da mesma forma, se um peixe é tirado da água, ele não sobrevive, pois ela é a sua fonte de vida. Quando nos afastamos do Senhor, a mesma coisa acontece conosco. Assim como a terra é essencial para uma árvore e a água, para um peixe, Deus é vital para o homem. Não existe vida longe dele. Contudo, a morte resultante desse afastamento não é imediata.

Algumas folhas levam dias para murchar e cair, e alguns galhos, mesmo após semanas, ainda tentam resistir a seu inevitável fim. Dons podem continuar a "funcionar" e o Senhor ainda pode usar a pessoa, ainda que ela esteja espiritualmente esgotada. É como um carro que, ao acabar a gasolina na descida de um morro, continua em movimento. A falta de combustível não parece ser um problema, mas, em algum momento, a descida vai acabar e o motor necessitará ser reabastecido.

Precisamos entender que a raiz na terra é uma questão de sobrevivência, não aparência. Muitas vezes, passamos por tempestades fortes ou invernos rigorosos e, exteriormente, parecemos "mortos", mas se nossas raízes estiverem firmes no Altíssimo, novas folhas e galhos crescerão. Em breve, a primavera trará consigo a beleza das flores. Se, porventura, suas raízes foram arrancadas ou você as arrancou por conta própria e, agora, se sente desconectado do tronco, a Palavra tem novidade de vida para você:

> Para a árvore pelo menos há esperança: se é cortada, torna a brotar, e os seus novos ramos vingam. As suas raízes poderão envelhecer no solo e o seu tronco morrer no chão; ainda assim, com o cheiro de água ela brotará e dará ramos como se fosse muda plantada (Jó 14.7-9).

Ao cheiro das águas, ao toque do Espírito Santo ou ao mais simples sussurro de Deus, vida voltará a brotar de seu coração. Ainda há esperança, você não secou totalmente. Lembre-se, nossa vida ou morte espiritual é determinada pelas nossas raízes debaixo da terra. É o que está escondido que sustenta o que está exposto, não o contrário. A estrutura que mantém um edifício de 15 andares em pé é composta por vigas e colunas que ficam ocultas, e sua fundação é proporcional à sua altura.

Nossa vida também deve ser construída sobre uma base sólida. Quando o que se vê é desproporcional ao que está em secreto, há uma chance considerável de queda. Se nossos dons e talentos são priorizados em detrimento de nosso caráter e intimidade com Deus, corremos o risco de sermos derrubados por qualquer vento. Precisamos sempre aprofundar nossas raízes e priorizar sermos aprovados antes de usados, para que nada nem ninguém nos arranque de nossa origem.

CAPÍTULO

09

FOLHAS NOVAS

“Nosso Senhor escreveu a promessa da ressurreição não apenas em livros, mas em cada folha da primavera.”

Frase atribuída a

Martinho Lutero

Em todas as plantas do meu jardim, sem exceção, nascem folhas novas. Elas substituem as velhas, e esse ciclo natural de renovação é importante para o crescimento e a saúde da planta. Nós também temos de aprender a abandonar práticas "velhas" e parar de agir como crianças. Afinal, estamos em um processo de amadurecimento e, para recebermos o novo do nosso Pai Celestial, precisamos deixar o passado em seu devido lugar: lá atrás. No Evangelho de Mateus, Jesus usou uma parábola para ilustrar essa verdade: "Nem se põe vinho novo em odres velhos; se o fizer, os odres se romperão, o vinho se derramará, e os odres se estragarão. Ao contrário, põe-se vinho novo em odres novos, e ambos se conservam" (Mateus 9.17).

Odres são recipientes feitos de couro animal, em especial cabras. Após um processo de preparo, ficam prontos para armazenar ou transportar vinho, água, óleo, leite, etc. O couro é estendido ao sol por dias para secar e, depois, é golpeado repetidas vezes contra uma pedra para adquirir a elasticidade necessária para que o odre tenha condições de receber o vinho novo que fermente. Se não houver elasticidade, ele se romperá. Conosco não é diferente, para recebermos o novo de Deus, temos de ter uma mente renovada e elástica, desprendida das coisas que já passaram.

Houve um tempo em minha vida que desisti do ministério pastoral. A frustração de não ter alcançado o sucesso que imaginei me paralisou. Um dia, permiti que essa "folha" do passado caísse e ficasse para trás. Deus me curou do medo e do sentimento de fracasso de uma forma surpreendentemente simples. Minha filha mais velha, que na época tinha dez anos, pediu-me para brincarmos de desenhar. Cada um faria um desenho e o outro daria uma nota de zero a dez. Ela desenhou um cachorro que, quando o vi, me assustei. Parecia qualquer coisa, menos um cachorro. Fiquei em dúvida sobre qual nota dar, pois não queria entristecê-la. Portanto, dei nota nove.

Ao ver o número, ela reclamou: "Nove? Esperava dez". Pensei: "Merecia um zero e queria nota máxima?". Em seguida, ela me pediu que desenhasse algo para que ela pudesse me pontuar. Então, desenhei uma árvore. Tudo bem que não era a melhor ilustração de uma, mas fiquei surpreso quando recebi nota zero. Minha filha ficou brava comigo pelo fato de eu não ter dado dez a ela e me "puniu" com um zero. Naquele momento, fui ministrado pelo Senhor.

Ele me lembrou dos "desenhos feios" que eu havia feito no passado. Nunca me esqueci do que ele disse: "Sabe aqueles desenhos feios que você fez em sua vida? Também dei nove para cada um. Agora, pegue uma folha nova e desenhe de novo, porém, com mais maturidade". Chorei como uma criança, pois meu Deus tinha acabado de me curar do meu passado. Decidi me desprender das coisas velhas e acreditar na folha nova que estava nascendo e, até hoje, estou vivendo um tempo incrível em meu ministério.

Essa experiência me fez lembrar da história de Pedro e sua frustrante noite de pescaria. Ele e seus companheiros passaram horas lançando suas redes ao mar sem pegar nenhum peixe. No entanto, ao amanhecer, Jesus apareceu na praia e os instruiu a lançar as redes novamente, mas, desta vez, do lado direito do barco. Pedro obedeceu e, para sua surpresa e espanto, as redes se encheram de tantos peixes que quase se romperam.

Às vezes, uma frustração pode ser o prenúncio de uma celebração. Nunca caminhe por experiências, mas pela palavra do Senhor. Não faça como o profeta Samuel, que ficou se lamentando por um rei que já não tinha mais o favor de Deus. O Altíssimo precisou até exortá-lo para que ele esquecesse o passado: "[...] Até quando você irá se entristecer por causa de Saul? Eu o rejeitei como rei de Israel. Encha o seu jarro com óleo e vá a Belém; eu o enviarei a Jessé. Escolhi um dos filhos dele para fazê-lo rei" (1Samuel 16.1). Embora devamos ser gratos por tudo, não podemos nos paralisar em nossas lembranças. Lembre-se do primeiro milagre de Jesus na festa de casamento em Caná; ele transformou água em vinho para mostrar que, muitas vezes, o vinho bom precisa acabar para que o melhor vinho possa ser servido.

CAPÍTULO

10

FLORES NA PRIMAVERA

Cada fruta em meu jardim tem sua estação e mês. A laranja, por exemplo, amadurece no inverno, justo quando mais se necessita de vitamina C. Por outro lado, a colheita da melancia acontece no verão, época em que sua polpa nos oferece uma boa opção de refresco para os dias quentes. Tal ciclo natural me fez pensar sobre como, para nós, frutificar denota ser usado no tempo do Senhor. Existe um ditado que diz: "Deus tarda, mas não falha". Discordo; nosso Pai Celestial nunca se atrasa nem se adianta. Ele age em nós e por meio de nós na hora certa.

Aos nossos olhos, pode parecer que as coisas estejam demorando, mas é porque não conseguimos enxergar a situação como um todo. Não permita que o outono roube de você a esperança da primavera. Se arrancarmos uma videira em junho ou agosto devido à sua dormência e aparente inatividade, não usufruiremos do sabor de suas uvas em janeiro ou fevereiro, meses em que seus cachos costumam se formar. Devemos observar a natureza e aprender com a criação. Inclusive, o salmista diz que há requisitos para que possamos dar frutos no período certo:

> Bem-aventurado aquele que não anda segundo o conselho dos ímpios, não se detém no caminho dos pecadores nem se assenta na companhia dos zombadores. Ao contrário, a sua satisfação está na lei do Senhor, e na sua lei medita dia e noite. É como árvore plantada junto a ribeiros: dá fruto no tempo certo e as suas folhas não murcham. Tudo o que ele faz prospera (Salmos 1.1-3).

Não andar segundo o conselho dos ímpios, não se deter no caminho dos pecadores e não se assentar na companhia dos zombadores significa viver segundo o conselho e a sabedoria de Deus. Para frutificarmos, devemos obedecer a esses princípios. Assim, seguiremos pelo caminho certo e encontraremos a Verdade, que nos trará a Vida. Se tentarmos desafiar os preceitos divinos, sofreremos as consequências. Pule de um edifício de dez andares, na tentativa de quebrar o princípio da gravidade. Não preciso explicar o que acontecerá.

Imagino que você já tenha ouvido falar a respeito da palavra grega *kairos*. Diferentemente de *chronos*, que se refere ao tempo cronológico, ela traz a ideia de tempo qualitativo, ou seja, o "momento certo ou oportuno". Bem, uma das características do *kairos* de Deus é que ele jamais quebra princípios. O tempo do Senhor para o casamento, por exemplo, virá após a bênção dos pais. Um passo de cada vez, sem pressa. Outra faceta da pontualidade divina é que ela nos traz paz ao coração. Em sua carta à igreja de Filipos,

Paulo escreve que a paz que excede todo o entendimento guardará o nosso coração (cf. Filipenses 4.7).

Se tudo parecer favorável, mas seu coração ficar incomodado com a situação, espere. Lembre-se da rainha Ester; quando estava no palácio do rei Assuero, ela entendeu que o Senhor a havia colocado naquele lugar para aquele momento específico. No entanto, ela não agiu de forma precipitada. Em vez disso, buscou a direção divina por meio de jejum e oração antes de conversar com o rei. Sua intervenção salvou o povo judeu da destruição iminente. Nosso Pai é pontual e está no controle de todas as coisas. Portanto, não se desespere; confie nele.

Ele disse a Abrão que dele faria uma grande nação, mas sua mulher, Sarai, era estéril e já de idade avançada. A situação parecia contradizer a palavra do Altíssimo. Em vez de esperar o tempo de Deus, Sarai sugeriu que seu marido se deitasse com sua serva egípcia, Agar, na esperança de que o filho dos dois pudesse ser o herdeiro prometido. Contudo, a promessa estava sobre Sarai. Às vezes, a esterilidade pode parecer um atraso ou uma maldição, mas, para aqueles que estão no jardim de Deus, ela é, na verdade, uma oportunidade para a manifestação de um milagre. Em um lugar estéril, só o Senhor pode gerar vida. Seja paciente e se apegue à última palavra que ele deu a você. Se ele disse que seu Isaque virá, então ele virá, independentemente das circunstâncias.

CAPÍTULO

11

ATRÁS DAS FOLHAS

"Um número grande demais de cristãos vive na casa do temor, e não na casa do amor."

Frase atribuída a

Brennan Manning

É comum minha filha brincar de esconde-esconde com suas amigas em meu jardim. Nesses momentos, cada árvore, arbusto e, às vezes, até folhas se transformam em um possível esconderijo. Certo dia, enquanto as observava brincar, lembrei-me do momento em que Adão e Eva tentaram se esconder de Deus. Em Gênesis 3, quando tomaram consciência de sua nudez após pecar, pegaram folhas de uma figueira e se cobriram. Logo em seguida, a Palavra diz que ao ouvirem Deus se aproximando, esconderam-se entre as árvores do jardim.

Temos a tendência de nos afastar da presença do Senhor quando pecamos. Parecemos acreditar que a distância pode mitigar nossa culpa, mas se entendêssemos, de fato, a paternidade do nosso Aba, não faríamos isso. Pelo contrário, nós nos achegaríamos mais ainda a ele. Quantas vezes nos escondemos e achamos que ele não está nos vendo? No entanto, assim como Deus sabia da nudez de Adão e Eva, ele sabe da nossa. "O Senhor Deus, porém, chamou o homem e perguntou: 'Onde você está?'" (Gênesis 3.9), e é óbvio que ele sabia onde o homem estava.

A intenção da pergunta foi revelar a Adão sua triste realidade. Era como se Deus estivesse perguntando: "Você tem ideia do quão distante está de mim? Sabia que o pecado nos afastou?". Mas por que motivo revelar a condição em que o homem se encontrava? A resposta é simples: ninguém vai a lugar nenhum sem antes saber onde está. Só podemos ser salvos e curados se admitirmos estar perdidos e feridos. Inclusive, há um versículo na Bíblia, pelo qual tenho grande carinho, que ilustra bem essa questão: "Ando errante como ovelha perdida; procura o teu servo, pois não me esqueço dos teus mandamentos" (Salmos 119.176 – NAA).

As palavras do salmista sempre me trazem à memória a conversa que tive com uma irmã que havia sido uma pastora de ovelhas, literalmente. Ela compartilhou comigo um fato interessante sobre o comportamento desse animal. Quando se perde de seu pastor e rebanho, a ovelha se abaixa e fica imóvel assim que percebe estar sozinha. Ela evita berrar, para não atrair nenhum lobo, e também não tenta procurar o rebanho, por não ter um senso de direção apurado. O que ela faz, portanto, é esperar, pois tem a certeza de que seu pastor a buscará.

Nosso Bom Pastor também sempre se preocupa em nos encontrar. Basta pararmos e reconhecermos que estamos perdidos, sem direção ou propósito. Jesus não está à procura de pessoas ideais, mas reais. Ele sabe exatamente onde e como estamos; por isso, não faz sentido nenhum tentar fugir da sua presença. Podemos nos esconder de qualquer pessoa, menos do nosso Messias. Seu propósito maior não é que sejamos usados, mas aprovados. Portanto, em vez de nos escondermos, devemos buscar seu amor e priorizar nosso relacionamento com ele mais do que nossos dons e ministérios.

CAPÍTULO

12

PERDIDOS NÃO, PLANTADOS

Um dos processos mais fascinantes na natureza é o da semente. Cada vez que planto uma em meu jardim, é uma experiência única. Seu ciclo é, de fato, um paradoxo: primeiro, ela é enterrada e envolta pela escuridão fria do subsolo, um lugar de aparente morte. No entanto, essa impressão é enganosa. Embora esteja escondida debaixo da terra, a semente está plantada, não perdida. Dentro de sua casca dura, uma vida aguarda o momento certo para despertar e, quando as condições externas se tornarem favoráveis, um processo milagroso começará. A água, ao penetrar na terra, a atinge e ativa seu interior adormecido. De repente, ela incha, sua casca se rompe e uma pequena raiz emerge.

Às vezes, situações nos dão a mesma sensação de morte — traições, enfermidades ou perdas traumáticas —, mas estamos nas mãos de um Deus a quem essas circunstâncias são, na verdade, oportunidades para vida. Da mesma forma que uma semente precisa morrer para germinar, nós também temos de passar pelo processo de morte do nosso ego. Alguma coisa em nós deverá morrer para que algo do

Senhor possa nascer. O apóstolo Paulo, no capítulo 15 de 1Coríntios, usa justamente a analogia da semente para ilustrar que aquilo que semeamos em fraqueza é ressuscitado em poder, e o que é semeado em desonra é ressuscitado em glória. E em sua segunda carta à igreja de Corinto, ele aprofunda ainda mais a questão:

> Bendito seja o Deus e Pai do nosso Senhor Jesus Cristo, Pai das misericórdias e Deus de toda a consolação, que nos consola em todas as nossas tribulações, para que possamos consolar os que estão passando por tribulações com a consolação que recebemos de Deus (2Coríntios 1.3-4).

Em outras palavras, após sermos consolados pelo Senhor, podemos ajudar pessoas que estejam passando por situações semelhantes. Nossas cicatrizes curam; elas são provas vivas de que é possível superar os momentos mais sombrios da vida. Nunca se esqueça, a esperança é o intervalo entre a semeadura e o florescimento, quando aprendemos a acreditar que algo belo está sendo gerado, mesmo que não vejamos resultados imediatos. Todos celebram as flores, mas raramente se lembram das renúncias, do perdão e da espera que antecedem seu desabrochar. Se fomos semeados no jardim de Deus, é inevitável passarmos por processos de morte. Mas não precisamos nos preocupar ou ter medo, essas "mortes" não são o fim, mas prelúdios a novos começos.

Toda semente carrega dentro de si o potencial de gerar outras novas. No entanto, ela precisa ser plantada em solo fértil. Devemos fixar e aprofundar nossas raízes na terra boa para que o Maligno não arranque o que foi semeado em nosso coração e nenhuma preocupação ou engano nos sufoque. Assim, em vez de nos queimar, a luz do Sol só servirá para nos fortalecer, de modo que possamos viver a promessa de produzir cem, sessenta e trinta vezes mais.

CAPÍTULO

13

PLANTADOS NO LUGAR QUE DEUS DESEJA

Um palestrante realizou um teste social com seu auditório. Ele pediu que cada um dos participantes fosse à frente e escrevesse em um quadro branco seu pior problema. Um a um, todos fizeram isso, e a lista foi extensa e dolorosa. Depois, foi pedido que voltassem ao quadro e fizessem uma troca. Portanto, alguém poderia trocar seu câncer pelo divórcio do outro, pegar a falência de outra pessoa e deixar com ela sua mágoa, etc. Por incrível que pareça, cada um escolheu pegar seu próprio problema de volta. Essa experiência ilustrou uma verdade: Deus não dá uma medida e peso que nós não podemos carregar ou suportar.

Cada lugar, estação e ambiente traz consigo seus próprios medos, dores, alívios, alegrias e tristezas. Seja em dólar ou real, no primeiro ou terceiro mundo, em um sistema capitalista ou socialista, cada contexto tem seu lado bom e ruim. Às vezes, Deus deseja nos fortalecer em áreas que ainda não estamos fortes. Para isso, ele nos tira da floricultura e nos põe no jardim, e em cada mudança, somos chamados a nos adaptar e aprender as lições que o novo tempo e lugar oferecem.

Abraão precisou sair da terra de seu pai para viver o que Deus tinha para ele. O novo sempre assusta, mas também traz novos frutos. Muitas vezes, nos acomodamos na terra em que estamos plantados e, aparentemente, bem-sucedidos. No entanto, sucesso de verdade não tem a ver com estar bem, mas estar onde Deus deseja que estejamos. Algumas mudanças são bem-vindas, outras nem tanto, mas a maioria é necessária para nosso crescimento. Elas geram desconforto, implicam gastos e cansam. Contudo, nos reservam surpresas — algumas positivas, outras negativas — que, em ambos os casos, contribuem para nosso amadurecimento.

Houve um processo de obediência, mudança e submissão para que Abraão fosse chamado de pai da fé. Sua figura é uma das mais importantes da Bíblia, visto que somos justificados pela fé como ele e até chamados de seus filhos. Mas o que esse homem tem a nos ensinar? Em Gênesis 12.1-4, lemos o seguinte:

> Então, o Senhor disse a Abrão: "Saia da sua terra, do meio dos seus parentes e da casa do seu pai, e vá para a terra que eu lhe mostrarei. Farei de você um grande povo e o abençoarei. Tornarei famoso o seu nome, e você será uma bênção. Abençoarei os que o abençoarem e amaldiçoarei os que o amaldiçoarem; por meio de você, todos os povos da terra serão abençoados". Então, Abrão partiu, como lhe ordenara o Senhor, e Ló foi com ele. Abrão tinha setenta e cinco anos quando saiu de Harã.

Abraão estava em Ur dos Caldeus, um lugar marcado por idolatria, práticas pagãs e sofismas. Além disso, estava cercado por relacionamentos familiares disfuncionais e lideranças sem caráter. Em muitas ocasiões, para avançar até o lugar onde Deus deseja, precisaremos deixar para trás coisas, costumes, pessoas e lugares que nos afastam de seu propósito. Existiu uma condição para Abraão receber a promessa: obedecer à ordem do Senhor (cf. Gênesis 12.2-3). É a obediência que nos faz frutificar; não existe fé sem obediência, nem obediência sem fé.

O texto, então, diz que ele partiu, como lhe ordenara o Senhor, e Ló foi junto (cf. Gênesis 12.5). Abraão obedeceu, mas cometeu um erro ao levar seu sobrinho consigo. Não basta obedecer; é preciso obedecer corretamente. Afinal, uma atitude correta na hora errada se torna um erro. Portanto, Deus permitiu que surgisse uma desavença entre os pastores de Abraão e Ló. Quando estamos no caminho da obediência, nosso Pai Celestial gera circunstâncias que, apesar de desconfortáveis, são necessárias e nos impulsionam a prosseguir.

Em mudanças, achamos objetos que pensávamos estar perdidos. Por exemplo, já mudei de casa pelo menos 17 vezes, e sempre acabo encontrando um sapato ou chave que tanto procurava. Ou seja, em meio a mudanças, redescobrimos dons e talentos que imaginávamos estar perdidos para sempre. Cerca de sete anos atrás, uma moça do norte do Brasil começou a congregar conosco. Ela chegou tímida, mas, aos poucos, soubemos que ela já havia sido líder do ministério com surdos em sua antiga igreja. Ela não ministrava mais em libras há anos e pensava que nunca mais Deus a usaria em seu dom e chamado. No entanto, as mudanças trazem surpresas.

Encontramos amigos que pensávamos nunca mais ter e percebemos aqueles que sempre tivemos, mas não tínhamos noção de como eram importantes. Mudanças nos fazem redescobrir a vontade de viver o que tínhamos perdido e encontrar força naquele que nos chamou para mudar. Aprendemos que existem coisas que não nos servem mais e que algumas pessoas já não tem o mesmo lugar em nossas vidas como antes. Descobrimos chaves que não abrem mais porta nenhuma e compreendemos que, no novo, precisamos de coisas que ainda não temos. Entendemos que precisamos de uma nova mentalidade e, o mais importante, que somente Jesus pode nos preencher de verdade. Enfim, mudar faz parte e precisamos nos permitir passar pelo processo para que possamos crescer e viver o novo de Deus.

Mudanças nos fazem
redescobrir a vontade de viver
o que tínhamos perdido e
encontrar força naquele que
nos chamou para mudar.

CAPÍTULO

14

CULTIVANDO E CULTUANDO

"Jesus não quer muito de nós, Ele quer tudo."

Luiz Hermínio

Presumo que qualquer pessoa com um jardim, pomar ou quintal conheça bem o termo "cultivar". Um verbo que abrange todo o processo, desde o preparo da terra e a plantação das sementes até a colheita dos frutos ou a apreciação das flores. Não é uma tarefa física apenas; exige dedicação, desejo, vontade e amor. Logo, só cultivamos aquilo que amamos. Em Gênesis 2.15 essa foi justamente a missão que Deus deu ao homem: "O Senhor Deus tomou o homem e o pôs no jardim do Éden para cultivá-lo e guardá-lo".

Ao estudar o sentido desta ordem divina, percebi que se tratava de algo mais profundo do que um simples trabalho ou passatempo. Deus estava revelando o princípio do "culto", palavra que tem em seu sentido original a conotação de "cultivo do solo" e "plantio", além de "adoração" e "reverência". Portanto, cultivar e guardar o Éden era uma forma de Adão e, posteriormente, Eva prestarem um culto diário ao Criador.

Às vezes, pensamos que o ato de cultuar se resume ao momento em que nos reunimos com os irmãos na igreja e seguimos um formato pré-estabelecido. Embora essas práticas sejam, sim, uma forma de prestar culto a Deus, o princípio é bem mais abrangente. A primeira questão que precisamos entender é que nenhum cristão tem uma vida secular separada da espiritual; somos todos "integrais". Ou seja, cultuamos a Deus aos domingos, mas também na segunda-feira pela manhã, quando limpamos a casa ou batemos o ponto em nosso trabalho. Afinal, está escrito, "[...] quer vocês comam, quer bebam, quer façam qualquer outra coisa, façam tudo para a glória de Deus" (1Coríntios 10.31).

Agora, não cultuamos mais no jardim do Éden, mas no Reino de Deus, que está presente onde quer que estejamos (cf. Lucas 17.21). Por essa razão, creio que quando ministro a Palavra, corto a grama de minha casa ou vou ao cinema com minhas filhas, presto culto ao meu Deus, pois estou cultivando o Reino na Terra. Foi isso que Jesus nos ensinou a fazer: "[...] Pai nosso, que estás nos céus! Santificado seja o teu nome. Venha o teu reino; seja feita a tua vontade na terra como no céu" (Mateus 6.9-10). O Reino vem quando a vontade do Pai é feita, e ele deseja que o cultuemos com entendimento, como o apóstolo Paulo nos orientou: "Portanto, irmãos, peço, pelas misericórdias de Deus, que ofereçam o corpo de vocês como sacrifício vivo, santo e agradável a Deus: este é o culto racional de vocês" (Romanos 12.1).

Cultuamos de maneira racional quando compreendemos que tudo o que fazemos é para a glória do Senhor. A exortação à igreja de Roma não é apenas uma ideia teórica ou abstrata, muito menos um ritual simbólico. Oferecer o corpo como um sacrifício vivo denota algo palpável, praticável e real. Por exemplo, presto culto a Deus ao amar meu próximo, que é uma criação divina. Se pensarmos na natureza, ela foi deixada para que o ser humano usufruísse e cuidasse dela. Sendo assim, engajar-se em movimentos de resgate ambiental, consciência sustentável e proteção dos animais também é uma forma de cultuar.

Finalmente, nossa vida não é dividida entre o que é espiritual e secular, santo e profano. Tudo em nós glorifica o Pai, e ele não nos quer somente em um dia da semana. Nosso Salvador não quer muito de nós, ele quer tudo. Como diz uma frase atribuída a Abraham Kuyper:[1] "Não há um único centímetro quadrado, em todos os domínios de nossa existência, sobre os quais Cristo, que é soberano sobre tudo, não clame: 'É meu'". Em todas as coisas, precisamos ser menos religiosos de domingo a domingo e mais herdeiros do Reino de glória em glória.

---

1. Abraham Kuyper foi um teólogo, jornalista e político holandês, conhecido por suas contribuições ao pensamento reformado e por sua influência na política dos Países Baixos no final do século XIX e início do século XX. Fundador do Partido Antirrevolucionário, Kuyper serviu como primeiro-ministro dos Países Baixos de 1901 a 1905. Ele também é lembrado por seu trabalho acadêmico e pela fundação da Universidade Livre de Amsterdã, onde promoveu a integração da fé cristã em todas as esferas da vida pública e privada. Kuyper acreditava na soberania de Deus sobre todas as áreas da sociedade, uma perspectiva que influenciou suas visões sobre educação, política e cultura.

CAPÍTULO

15

VOLTANDO AO JARDIM DO ÉDEN

O Éden era um lugar onde a criação e o Criador viviam em perfeita harmonia. Lá, o relacionamento entre eles era forte e os regulamentos, poucos. Todas as tardes, na viração do dia, Deus passeava pelo jardim e conversava com Adão e Eva. No entanto, o homem e a mulher perderam tudo por conta de sua desobediência. Seu vínculo com o Senhor havia sido rompido, sua comunhão, ferida, e sua paz, perdida.

A consequência do pecado resultou na expulsão da humanidade do Éden; mas, graças ao segundo Adão, que é Cristo, temos acesso diário ao Reino dos Céus. Nosso Messias nos apresentou um jardim que é espiritual em vez de físico. Agora, o Criador não está mais presente só na viração do dia, mas o tempo todo, dentro de nós. Por intermédio de Jesus, temos a possibilidade de voltar à presença do Pai — ao primeiro amor.

Infelizmente, com o passar do tempo, corremos o risco de negligenciar o primeiro amor de forma voluntária, consciente ou não. Imagino que todos conheçam a parábola do filho pródigo. Ele é um exemplo de alguém que escolheu renunciar ao primeiro amor. Em contraste, a ovelha mencionada em Lucas 15 se afastou de seu pastor sem querer. Independentemente da circunstância, abandonar o primeiro amor significa sair do Éden e se distanciar do Altíssimo. Embora as razões possam ser diversas, nenhuma é justificável, e as consequências costumam ser devastadoras. O filho pródigo perdeu tudo o que tinha e a ovelha perdida continuou a pastar longe dos cuidados de seu pastor. Curiosamente, no mesmo contexto em que Jesus conta as duas parábolas, ele fala também sobre a dracma perdida dentro de casa: "Ou qual é a mulher que, possuindo dez dracmas e perdendo uma delas, não acende uma lâmpada, varre a casa e procura atentamente até encontrá-la?" (Lucas 15.8).

Mesmo dentro da igreja, é possível estar longe do Éden. Muitas vezes, servimos em ministérios e participamos de várias atividades eclesiásticas, mas estamos desconectados do tronco, perdidos dentro de casa. Houve um tempo em que a dracma esteve na luz, caminhou em santidade e sonhou os sonhos de Deus. No entanto, agora, ela precisava ser encontrada novamente; para isso, seria necessário acender uma lâmpada e varrer a casa. Afinal, a candeia da dracma estava apagada, o fogo do primeiro amor havia se tornado um amontoado de brasas em processo de esfriamento — a intimidade tinha sido substituída pelo regulamento, e o "ser" pelo "fazer".

No processo de retorno ao Éden, precisamos de luz. Contudo, sentimentos escondidos, feridas ocultas e pecados não confessados se tornam barreiras no caminho. Atrofiam nossa alma e impedem a entrada da luz necessária para trazer vida ao nosso jardim. No caminho de volta do filho pródigo, a grande barreira que ele enfrentou foi a vergonha de ter desonrado seu pai ao desperdiçar toda a herança que havia recebido. Normalmente, os filhos pródigos só voltam quando todos os recursos acabam e a "casa cai". São nesses momentos que se lembram de como eram felizes na casa do Pai: "Caindo em si, disse: 'Quantos empregados do meu pai têm comida com fartura, e eu aqui morrendo de fome!'" (Lucas 15.17).

O Espírito Santo nos traz à memória os dias e momentos que tivemos com o Senhor, quando ele nos visitava na viração do dia e era tudo o que precisávamos. Nosso coração, incapaz de suportar a saudade, deseja voltar à sua presença. Aliás, um ponto interessante é que quando o filho pródigo decide ir embora, seu pai não o impede nem sai à sua procura, mas permanece em casa. Por outro lado, na parábola da ovelha perdida, o pastor não a espera voltar por conta própria, mas vai buscá-la: "Qual de vocês que, possuindo cem ovelhas e perdendo uma, não deixa as noventa e nove no campo e vai atrás da ovelha perdida, até encontrá-la? (Lucas 15.4).

O retorno da ovelha perdida ao aprisco — ao Éden — não depende apenas do Pastor buscá-la, ela precisa desejar ser encontrada. Sua visão é limitada e seu senso de direção é extremamente precário; por isso, quando se perde, não consegue discernir de onde veio e para onde deveria ir. Devido a essas limitações, seus ouvidos são bem apurados para que consiga ouvir e reconhecer a voz do pastor:

"Depois de conduzir para fora todas as suas ovelhas, vai adiante delas, e estas o seguem, porque conhecem a sua voz" (João 10.4).

Falei sobre o comportamento da ovelha no capítulo 11, mas gostaria de aprofundar um pouco mais a questão. Conforme expliquei, quando a ovelha se perde, ela não se move em nenhuma direção, pois qualquer movimento pode afastá-la ainda mais do pastor. Ao perceber que está perdido, o animal se abaixa e espera pelo pastor que virá resgatá-lo. A ação de se abaixar simboliza humildade perante Deus, uma forma silenciosa de admitir que não conseguimos viver sem ele.

Quando estamos perdidos, sem saber para onde ir ou o que fazer, a atitude correta é nos abaixarmos e reconhecermos que dependemos do Senhor. Outra característica interessante da ovelha, que também citei anteriormente, é que ela não berra quando se perde. Em vez disso, fica em silêncio para evitar que o lobo a ouça e perceba que está fora da proteção do pastor. Mesmo perdida, não se esquece dos mandamentos e de como era bom estar na segurança do rebanho; no entanto, ela não sabe voltar por si só. Então, aquieta-se e aguarda que o Pastor a encontre. Quando ele finalmente a encontra, coloca-a nos braços e a conduz de volta ao aprisco — ao Éden, ao primeiro amor —, de onde ela nunca deveria ter saído.

Quando estamos perdidos, sem saber para onde ir ou o que fazer, a atitude correta é nos abaixarmos e reconhecermos que dependemos do Senhor.

CAPÍTULO

16

O SOM DO JARDIM

Embora estejamos no jardim de Deus, ainda existem vozes que tentam nos distrair do propósito que ele estabeleceu para nós. Todos já lemos o diálogo entre a serpente e a mulher em Gênesis 3. Infelizmente, Eva dá ouvidos à serpente e, seduzida pela possibilidade de ser igual a Deus, decide comer do fruto proibido. Em seguida, ela o oferece a Adão, que também cede à tentação. O Senhor, então, diz ao homem: "[...] visto que você deu ouvidos à voz da sua mulher e comeu da árvore da qual ordenei a você que não comesse [...]" (Gênesis 3.17).

Ninguém pode nos obrigar a pecar. O Diabo deu uma sugestão, mas foi a mulher quem decidiu desobedecer a ordem divina. Depois, persuadiu o homem a fazer o mesmo. Eva não era inimiga de Adão; pelo contrário, a Bíblia afirma que ela era sua companheira, auxiliadora e aliada. A questão é que pessoas próximas, que nos amam, podem até ter boas intenções e querer o nosso bem, mas não possuem uma visão do "todo". Quando Sarai sugeriu a Abrão que ele tivesse um filho com Agar, seu intuito foi apresentar uma solução para o problema geracional de seu marido. A urgência de ter um filho foi um fator decisivo para os dois duvidarem da promessa divina e recorrerem a um "plano B". Sempre tome cuidado para nunca colocar a urgência à frente da prioridade.

Da mesma forma, você precisa prestar atenção para não dar ouvidos à voz da sua alma. Em Juízes 11, lemos a história de um homem que fez um voto precipitado com Deus em um momento de ira, orgulho e sofrimento. Jefté havia sido rejeitado por seu próprio povo, mas algum tempo depois, vieram até ele em busca de ajuda. Nesse momento, o gileadita viu a oportunidade de provar seu valor e se vingar. Ele ouviu sua alma gritando: "Agora é a sua vez!", e prometeu que se o Senhor lhe concedesse a vitória na guerra, sacrificaria a primeira pessoa que visse ao chegar em casa. De fato, o Altíssimo deu a Jefté a vitória e, ao retornar para casa, a primeira pessoa que veio ao seu encontro foi sua única filha. Não consigo nem imaginar a dor que ele sentiu. O preço por ter ouvido sua alma foi extremamente alto.

Saul também viveu uma situação parecida e aprendeu da pior maneira que a voz do povo não é a voz do Senhor. Os inimigos de Israel estavam se aproximando, e o profeta Samuel, responsável por realizar o sacrifício em holocausto a Deus, ainda não havia chegado. A diretriz divina era clara: ninguém deveria sair para a guerra sem que um sacrifício fosse oferecido. No entanto, o povo e os soldados começaram a murmurar e a pressionar o rei a fazer alguma coisa. Essa pressão afetou Saul e fez com que ele tomasse a decisão errada no momento errado: "Então Saul disse a Samuel: 'Pequei, pois transgredi o mandamento do Senhor e as palavras que você falou; porque temi o povo e dei ouvidos à voz deles'" (1Samuel 15.24).

Não é por acaso que nossos ouvidos precisam estar familiarizados com a voz do nosso Pastor. Afinal, todas as vozes que entram no jardim para nos distrair frequentemente surgem de maneira sorrateira e, às vezes, inesperada. Inclusive, Jesus abordou essa questão em uma metáfora:

> Em verdade lhes digo que aquele que não entra no aprisco das ovelhas pela porta, mas sobe por outro lugar, é ladrão e assaltante. Aquele que entra pela porta é o pastor das ovelhas. O porteiro abre-lhe a porta, e as ovelhas ouvem a sua voz. Ele chama as suas ovelhas pelo nome e as leva para fora. Depois de conduzir para fora todas as suas ovelhas, vai adiante delas, e estas o seguem, porque conhecem a sua voz. Elas, porém, nunca seguirão um estranho; na verdade, fugirão dele, porque não reconhecem a voz de estranhos. (João 10.1-5).

Não podemos nos permitir ser estranhos à voz de Deus, e a única forma de reconhecê-la em meio a tantas outras é por meio da intimidade. Lembro-me de uma experiência que Jason Upton[1] compartilhou ter vivido com seu filho mais novo, que ainda estava aprendendo a falar. Enquanto balbuciava suas primeiras palavras, o menino olhou para ele e disse: "GLÉ, GLÉ, GLÉ". Jason ficou confuso, pois "GLÉ" não significa nada; era apenas um som sem sentido. Depois de muitas tentativas frustradas de entender o que seu filho queria comunicar, o Espírito Santo disse a Upton: "Estou ensinando a você o que é intimidade".

Ele, então, pegou uma Bíblia e dois dicionários, um grego e outro hebraico, procurou a palavra "GLÉ" e nada. Desanimado, voltou para junto de seu filhinho, que continuava repetindo a mesma coisa. Quando seu filho mais velho, de 9 anos, chegou em casa, Jason aproveitou a oportunidade para perguntar se ele sabia o que significava "GLÉ", que seu irmãozinho tanto falava. O menino, que costumava passar o dia todo com o mais novo disse: "Ah, pai, ele quer leite". Jason ficou surpreso, "Leite? Mas a palavra leite em inglês é *milk*". Intrigado e sem entender nada, Upton foi para o quarto orar. De repente, o Espírito Santo disse: "Sabe por que o seu filho mais velho entendeu o mais novo? Porque eles ficam juntos o tempo todo, a ponto de terem um idioma próprio, isso é intimidade".

1. Jason Upton é um cantor/compositor norte-americano. Filho de pais adotivos, ele cresceu em Minneapolis e começou a cantar aos 15 anos de idade. Ele lançou seu primeiro CD, "Key of David" em 2000, uma produção independente do seu selo Key of David Ministries. O álbum se caracterizou por conter, em metade de suas faixas, gravações de sessões de cânticos espontâneos, com pouco trabalho de pós-produção. Desde então, Upton tem sido usado por Deus para abençoar inúmeras vidas por meio de suas músicas e ministrações. Sua flexibilidade vocal, desenvoltura no piano e originalidade nas composições renderam a ele uma comparação com Keith Green.

Ao caminharmos com Jesus, aprendemos a entender o que ele diz. Com o tempo, até discernimos um linguajar próprio, que nos permite saber quando é ele falando conosco. Sem dúvidas, nossa maior e mais poderosa arma contra qualquer voz que tenta nos afastar da presença de Deus é a intimidade. A mesma que abriu os olhos de Cleopas e do outro discípulo no instante em que Cristo partiu o pão. Eles já o tinham visto partir o pão outras vezes e, por isso, o reconheceram somente naquele momento. Em seguida, perguntaram um ao outro: "[...] Não ardia o nosso coração enquanto ele nos falava no caminho e nos explicava as Escrituras?" (Lucas 24.32). Minha oração é que você reconheça sempre quem é o seu Bom Pastor, e que sua voz se sobressaia a todas as outras.

CAPÍTULO

17

JARDIM DO ÉDEN, GETSÊMANI E CELESTIAL

“A vida cristã não é um processo suave e fácil como algumas pessoas imaginam;

se assim fosse, o coração do homem jamais teria sido comparado a um solo não cultivado, e a Palavra de Deus, a um arado.”

Frase atribuída a

John Bunyan

Nos evangelhos de Mateus, Marcos e Lucas, Jesus conta a parábola do semeador. Ele nos ensina que a semente sempre é boa, mas o que realmente determina seu desenvolvimento é a qualidade da terra onde é plantada. A vida cristã começa no momento em que dois elementos se juntam: a semente do Evangelho e uma terra fértil, isto é, quando as Boas Novas encontram um coração humilde e sedento. No momento em que isso acontece, inicia-se um processo de crescimento em direção à Eternidade, e a primeira expressão da semente de Cristo se manifesta em seu convite:

> Venham a mim todos os que estão cansados e sobrecarregados, e eu darei descanso a vocês. Tomem sobre vocês o meu jugo e aprendam de mim, porque sou manso e humilde de coração, e vocês encontrarão descanso para a alma. Pois o meu jugo é suave, e o meu fardo é leve (Mateus 11.28-30).

O "Vinde a mim" de Jesus procura uma terra humilde, pois é necessário reconhecer fraquezas, medos e limitações para que a semente do Evangelho encontre solo fértil e possa crescer. As Boas Novas de Jesus não encontraram espaço entre os fariseus e religiosos de sua época, por exemplo, devido à dureza de seus corações. Eles não admitiram suas necessidades e, por isso, não puderam acolher a mensagem da salvação.

Quando alguém permite que a semente das Boas Novas germine em seu coração, essa pessoa entra no jardim do Éden. Como expliquei no capítulo 14, por conta da desobediência do primeiro Adão, fomos expulsos de lá. No entanto, o segundo Adão nos levou de volta a esse lugar de comunhão com o Criador. Portanto, o Éden é um local seguro de reconciliação com Deus, no qual passamos a viver ao entregarmos nossa vida a Cristo.

Esse jardim é caracterizado pela diligência e proteção do Jardineiro. Um exemplo claro disso pode ser visto na história dos israelitas. Quando estavam cansados e sobrecarregados pela opressão do Egito, lembraram-se de Deus e clamaram por sua ajuda. Em resposta ao clamor do povo, o Senhor os libertou da opressão egípcia. Após serem libertos, caminharam pelo deserto por anos, onde testemunharam o cuidado divino. Durante o dia, uma nuvem os protegia do calor escaldante, e à noite, uma coluna de fogo os aquecia.

O Altíssimo também provia o alimento necessário para sua sobrevivência. Todos os dias, o maná, que literalmente significa "o que é isso?" caía do céu para alimentá-los. Quando estamos no primeiro jardim também é assim.

Recebemos revelações diárias, qualquer texto bíblico nos fala ao coração e somos invadidos pelo primeiro amor. Assim é o Éden, mas tudo não acaba no "Vinde a mim".

Não é novidade nenhuma que a vida cristã é um processo. Após o "vinde", somos chamados a dar o próximo passo: "Tomem sobre vocês o meu jugo e aprendam de mim [...]" (Mateus 11.29). Para começarmos a aprender sobre Jesus, temos de entrar em outro jardim, que é o Getsêmani. Após anos sob a proteção e direção de Deus no deserto, os israelitas finalmente chegaram à Terra Prometida. Então, algo interessante aconteceu: "Um dia depois de comerem do produto da terra, o maná cessou. Já não havia maná para os israelitas, e naquele mesmo ano comeram do fruto da terra de Canaã" (Josué 5.12). Antes, o povo era sustentado pelo Senhor, mas agora teria de plantar e colher para se alimentar.

No processo de crescimento de todo cristão existe o Getsêmani. Nele, nossa fé é provada, nossas palavras, testadas, e nossa obediência (ou desobediência), revelada. Após dizer "vinde a mim", Jesus nos convida a aprender sobre ele, ou seja, a sermos seus *talmidim*, ou discípulos, de modo que exemplificamos o que um provérbio judaico descreve: "um discípulo anda tão próximo de seu mestre que a poeira que sai de suas sandálias cobre seu discípulo".

Nossa vida, portanto, é coberta pela poeira que sai das sandálias de Jesus. Não enxergamos bem, mas sabemos que andamos pela fé, não por vista. Somos levados a negar a nós mesmos para nos tornarmos mais parecidos com o Messias — aprendemos a perdoar quem nos pregou em uma cruz, a resgatar quem nos negou e a abençoar quem nos amaldiçoou. Um exemplo poderoso dessa transformação é a vida de Estêvão. Enquanto estava sendo apedrejado e martirizado, ele passou pelo processo de aperfeiçoamento. Em meio ao fogo do ourives, sua fé foi refinada, e no momento de sua maior provação, fez uma declaração que revelou quão parecido com Jesus ele estava: "[...] Senhor, não os consideres culpados deste pecado [...]" (Atos 7.60).

No Éden, a porta aberta nos enche de alegria; no Getsêmani, a porta fechada nos ensina a sermos gratos e fiéis até o fim. É onde ouvimos os "nãos" de Deus, assim como Jesus ouviu ao pedir que, se possível, o cálice do sofrimento fosse afastado dele. No Éden, largamos o fardo do pecado, do medo e da opressão. No Getsêmani, tomamos sobre nós o jugo de Cristo. É nele que os "Pedros" nos jurarão lealdade até a morte, mas nos negarão quando mais precisarmos. Também nos depararemos com os "Judas", que nos trocarão por posições, títulos e triunfos pessoais.

O Getsêmani nos prepara para o jardim do Céu — destino final e propósito maior de nossa vida. Confesso que, ao escrever a expressão "jardim do Céu", achei que poderia soar um tanto infantil. No entanto, acredito ser a melhor forma de expressar a ideia. Afinal, Jesus disse que, para entrarmos no Reino de Deus, precisamos ser como crianças (Mateus 10.15). O jardim do Céu é como o Éden, mas com a maturidade adquirida no Getsêmani e a eternidade prometida por Jesus. Quem aceitar o convite de Cristo para participar de seu sofrimento também receberá seu convite para reinar com ele para sempre: "Antes, alegrem-se à medida que participam dos sofrimentos de Cristo, para que também, quando a glória dele for revelada, vocês exultem com grande alegria" (1Pedro 4.13).

Poderia tentar descrever o jardim do Céu pelos relatos bíblicos da Nova Jerusalém. Imagine a beleza do lugar; ruas de ouro puro e o brilho da glória de Deus tão resplandecente que a luz do Sol é dispensável. Não haverá pranto, choro, nem dor. Toda lágrima será enxugada e a alegria nunca acabará. Seriam necessários parágrafos e mais parágrafos, livros até, para descrever tal jardim. Contudo, nenhum detalhe se comparará ao fator mais importante e à razão principal para ansiarmos estar lá: a presença do nosso querido Jardineiro, cujo sacrifício de amor nos terá permitido recuperar para sempre a comunhão ininterrupta com nosso Pai Celestial.

> Por isso, não desanimamos. Embora exteriormente nos desgastemos, interiormente estamos sendo renovados dia após dia, pois os nossos sofrimentos leves e momentâneos produzem para nós uma glória eterna que pesa mais do que todos eles. Assim, fixamos os olhos não naquilo que se vê, mas no que não se vê, pois o que se vê é transitório, mas o que não se vê é eterno (2Coríntios 4.16-18).

CAPÍTULO

18

ESPINHOS

> Para evitar que eu me exaltasse por causa da grandeza dessas revelações, foi-me dado um espinho na carne, um mensageiro de Satanás, para me atormentar. Três vezes pedi ao Senhor que o tirasse de mim. Ele, porém, me disse: "A minha graça é suficiente para você, pois o meu poder se aperfeiçoa na fraqueza". Portanto, eu me gloriarei ainda mais alegremente nas minhas fraquezas, para que o poder de Cristo repouse em mim. Por isso, por Cristo, alegro-me nas fraquezas, nos insultos, nas privações, nas perseguições, nas angústias; pois, quando sou fraco, então é que sou forte (2Coríntios 12.7-10).

Embora possam parecer indesejáveis, os espinhos possuem um propósito específico e, no jardim de Deus, não é diferente. O Senhor também permite a existência de espinhos em nossa vida; o apóstolo Paulo tinha um em sua carne. Durante anos, teólogos tentaram

— e ainda tentam — descobrir o que era o "espinho na carne" citado na carta à igreja de Corinto. Muitos acreditam ser algo relacionado à sua saúde física e sugerem que ele sofria de uma limitação física ou enfermidade incurável. Outros defendem que poderia ser um pecado ou tentação que o apóstolo enfrentava. A verdade é que as Escrituras não nos fornecem detalhes a respeito do que se tratava, de fato. Contudo, é possível extrairmos alguns "benefícios" desse espinho.

Paulo escreveu: "**para evitar que eu me exaltasse** por causa da grandeza dessas revelações, foi-me dado um espinho na carne [...]" (2Coríntions 12.7 – grifo nosso). Um ponto interessante, afinal limitações, erros passados, medos ou, até mesmo, certos aspectos do nosso temperamento podem realmente nos impedir de agir com soberba. Muitas vezes, o passado nos traz à memória coisas e situações que preferiríamos esquecer, mas como não temos o poder de apagar nossas lembranças, elas continuam a existir e nos lembrar de quão falhos somos.

Assim, soltamos nossas pedras, como fez a multidão que estava pronta para apedrejar a mulher adúltera (cf. João 8.3-11). Nossos espinhos não nos permitem esquecer do Senhor e de tudo o que ele já fez por nós. No Antigo Testamento, ele mudou o nome de Jacó — que significava "enganador" — para Israel, e mudou a sorte daquele homem. Agora, observe o que está escrito em Gênesis 46.2: "À noite, Deus falou a Israel por meio de visões: 'Jacó! Jacó!'. 'Aqui estou' — ele respondeu".

Parece um erro de escrita, mas não é. Deus se dirigiu a Israel duas vezes pelo seu velho nome. Mas por que ele o fez lembrar de sua antiga identidade? Creio que foi para que ele não se esquecesse de quem havia sido. Às vezes, o mesmo acontece conosco. Sempre que necessário, o Senhor nos lembra de onde nos tirou; ele sabe que a consciência de nossa antiga condição e do perdão que recebemos derruba qualquer traço de altivez e autossuficiência em nós.

Nossos espinhos nos fazem entender que, sem Jesus, não podemos fazer nada. Ele é Senhor de tudo em nossa vida e nem sempre sua resposta para nossas angústias e dores será "sim". No entanto, ele nunca rejeitará um coração arrependido e humilde que busca sua graça. Paulo pediu três vezes que o espinho fosse removido de sua carne e a resposta de Jesus foi: "[...] A minha graça é suficiente para você [...]" (2Coríntios 12.9). Enfim, espinhos nos colocam em um lugar onde a oração de Cristo continua a ser nosso modelo: "[...] não seja feita a minha vontade, mas a tua" (Lucas 22.42). Lembre-se, todo "sim" de Deus nos traz alegria, enquanto todo "não" nos oferece uma oportunidade de nos parecermos mais com ele, pois o seu poder se aperfeiçoa na nossa fraqueza.

CAPÍTULO

19

ÁRVORE PROIBIDA

Em meu jardim, algumas plantas são perigosas. Sempre alerto minhas filhas para terem cuidado ao se aproximarem delas. Certas espécies causam irritações na pele, nos olhos e em outras partes do corpo; o menor contato pode ser prejudicial. Apesar de suas flores serem deslumbrantes e seus frutos, tentadores, elas são verdadeiras armadilhas naturais. No jardim do Éden também havia uma que apresentava essa dualidade entre beleza e perigo: "Então, o Senhor Deus fez brotar do solo todo tipo de árvores agradáveis aos olhos e boas para alimento. No meio do jardim, estavam a árvore da vida e a árvore do conhecimento do bem e do mal" (Gênesis 2.9).

De todas as árvores, a do conhecimento do bem e do mal foi a única que Deus proibiu Adão e Eva de comer. Mas por quê? Acredito que a resposta esteja na natureza tentadora da árvore. Ela oferecia duas coisas que o ser humano desejava, mas não sabia como lidar de maneira adequada: poder e conhecimento. Entre os sintomas experimentados por qualquer um que desobedecesse a ordem divina estavam a soberba, o orgulho e a altivez — características de quem não é amigo de Deus. E convém lembrar que as Escrituras afirmam que o Senhor se opõe aos orgulhosos, mas concede graça aos humildes (cf. Tiago 4.6).

A humildade faz parte do Reino. Diria que ela é o primeiro degrau para que alguém viva as "bem-aventuranças". Jesus começou seu Sermão da Montanha com a frase: "Bem-aventurados os pobres em espírito, pois deles é o reino dos céus" (Mateus 5.3). Ser pobre de espírito significa reconhecer que não temos nada de que nos vangloriar; é uma questão de reconhecermos nossa humanidade. Em contrapartida, o desejo de se ter algo, exercer poder e adquirir conhecimento revelava um grande perigo à humanidade. Ciente disso, Satanás instigou a mulher a comer do fruto da árvore proibida: "[...] Certamente não morrerão! É que Deus sabe que, no dia em que comerem dele, os seus olhos se abrirão, e vocês serão como Deus, conhecedores do bem e do mal" (Gênesis 3.4-5).

Desde o início, o Diabo tenta "elevar" a humanidade de forma enganosa e colocá-la em uma posição de falso poder, sabedoria e posse. Sua estratégia não passa de uma manobra astuta de distorcer a verdade e seduzir o homem a acreditar que pode ser independente. Ele sabe que o Senhor abate o soberbo; por isso, tenta implantar e alimentar esse sentimento dentro de nós, do mesmo modo que fez com Davi: "Satanás levantou-se contra Israel e incitou Davi a fazer um recenseamento do povo" (1Crônicas 21.1).

Qual foi a estratégia do Diabo contra Israel? Convencer o rei a realizar um censo do povo. Sua intenção era gerar em Davi uma sensação de autossuficiência, pois, ao enumerar seus soldados, ele poderia se sentir poderoso e depositar sua confiança no tamanho de seu exército. Isso provocou a ira do Senhor e resultou na punição dos israelitas. Precisamos entender que o Espírito Santo nunca tentará nos conferir uma posição de superioridade; pelo contrário, ele sempre nos levará a sermos como Jesus:

> Nada façam por ambição egoísta ou por vaidade, mas humildemente considerem os outros superiores a vocês mesmos, cuidando, cada um, não somente dos próprios interesses, mas também dos interesses dos outros. Seja o modo de pensar de vocês o mesmo de Cristo Jesus, que, apesar de ser Deus, não considerou que a sua igualdade com Deus era algo que deveria ser usado como vantagem; antes, esvaziou a si mesmo, assumindo a forma de servo, tornando-se semelhante aos homens. Sendo encontrado em figura humana, humilhou-se e foi obediente até a morte, e morte de cruz! (Filipenses 2.3-8).

Esvaziar-se de si mesmo significa admitir a própria pobreza, humanidade e ausência de justiça. No Éden, a árvore que prometia a quem comesse de seus frutos o status de ser igual a Deus foi um desastre na vida de

Adão e Eva. A ordem para que não comessem dela era, na verdade, uma proteção contra a morte e todas as ilusões do Maligno. Infelizmente, o fruto proibido foi comido e a humanidade caiu. No entanto, a história não terminou na nossa expulsão do Éden. O sacrifício do Cordeio nos trouxe a alegria de sermos feitos filhos e amigos de Deus, chamados para seguir os passos do humilde Messias.

Entenda que o Espírito Santo nunca tentará nos colocar em uma posição de superioridade; pelo contrário, ele sempre nos levará a sermos como Jesus: servos.

CAPÍTULO

20

FRUTOS QUE PERMANECEM

Certo dia, após horas observando meu jardim enquanto descansava na varanda, percebi que cada planta e árvore tinha uma maneira própria de se "reproduzir" e assegurar a continuidade de sua "família". Enquanto algumas produziam frutas e flores repletas de sementes, outras empregavam um método diferente: reproduziam-se por meio de suas raízes. Independentemente da forma de reprodução, o que chamou minha atenção foi o fato de que a natureza sempre deixa um legado para garantir a sobrevivência e perpetuação de suas espécies. Isso me trouxe à memória o que Jesus disse no Evangelho de João: "Vocês não me escolheram, mas eu os escolhi e designei para que vão e deem fruto, um fruto que permaneça, a fim de que o Pai dê a vocês o que pedirem em meu nome" (João 15.16).

A instrução de Jesus não foi para que os discípulos dessem apenas frutos, mas para que dessem frutos permanentes. Essa ideia pode ser compreendida de forma mais clara se fizermos uma pequena analogia com um princípio do mundo dos negócios. Uma transação só é realmente bem-sucedida quando uma segunda venda é realizada. Só então entende-se que um cliente foi possivelmente fidelizado. Quando Cristo comissionou os discípulos a espalharem sua mensagem pelo mundo, ele deu a seguinte orientação:

> Portanto, vão e façam discípulos de todas as nações, batizando-os em nome do Pai, do Filho e do Espírito Santo, ensinando-os a guardar todas as coisas que tenho ordenado a vocês. E eis que estou com vocês todos os dias até o fim dos tempos. (Mateus 28.19-20 – NAA).

Fazemos um discípulo, de fato, quando ele faz outro. Deixamos um legado para as futuras gerações quando alguém leva nossa tocha à frente e dá continuidade ao que iniciamos. É nesse momento que realmente podemos dizer que nosso fruto está permanecendo. Todo o processo é recompensador, mas longo. Não é apenas uma questão de sair mundo afora evangelizando; Cristo disse que também devemos ensinar as pessoas a guardar todas as coisas que ele ordenou a nós. "Ensinar a guardar" é diferente de ensinar o que deve ser feito e como deve ser feito; significa **fazer** o que deve ser feito.

Em outras palavras, é como ensinar o caminho a alguém que está perdido. Você pode orientar a pessoa sobre como chegar ao destino: "Pegue a primeira à direita, terceira à esquerda, percorra dois quilômetros, vire à direita após um posto de combustível", e assim por diante. "Ensinar a guardar" é como dizer: "Entre no carro, eu lhe mostrarei o caminho". Exige tempo e disposição para estar presente na vida da pessoa; afinal, um discípulo não é feito em eventos de evangelismo ou púlpitos, mas à mesa.

Os frutos de Jesus permanecem até hoje. Ele acreditou em pessoas subestimadas pela sociedade, ensinou o caminho em que se deve andar, amou a todos, sem exceção, mas contou segredos apenas para alguns. Doze homens tiveram a oportunidade de participar de milagres e testemunhar em primeira mão a vida do Messias. E até o presente, seus ensinamentos permanecem vivos por meio de homens e mulheres que continuam a amar o perdido, acolher o marginalizado e demonstrar compaixão ao necessitado. Cristo fez bons discípulos, e o passar dos séculos não invalidou sua promessa:

> Em verdade lhes digo que aquele que crê em mim fará também as obras que faço; fará coisas ainda maiores do que estas, porque eu vou para o Pai. E farei o que vocês pedirem em meu nome, para que o Pai seja glorificado no Filho. O que vocês pedirem em meu nome, eu o farei (João 14.12-14).

CAPÍTULO

21

RAÍZES EXPOSTAS

Muitas plantas não frutificam ou florescem como esperado. Quando isso ocorre, algo está errado. É normal passarem por estações sem flores ou frutos, faz parte do processo natural. No entanto, períodos prolongados de infertilidade indicam que há algum problema sério. Qualquer planta, quer seja frutífera, ornamental ou floral, que não cumpre o propósito para o qual foi criada, precisa de atenção. Nós não somos diferentes. Aliás, Jesus contou uma parábola que ilustra bem uma situação atípica de infertilidade:

> (...) Um homem tinha uma figueira plantada na sua vinha. Foi procurar fruto nela, mas não achou nenhum. Por isso, disse ao que cuidava da vinha: "Já faz três anos que venho procurar fruto nesta figueira e não acho. Corte-a! Por que deixá-la ocupar a terra?". O homem respondeu: "Senhor, deixe-a por mais um ano, e eu cavarei ao redor dela e a adubarei. Talvez dê fruto no futuro; caso contrário, corte-a" (Lucas 13.6-9).

A ordem daquele homem para o agricultor que cuidava da vinha foi clara e direta: "[...] Corte-a! Por que deixá-la ocupar a terra?" (Lucas 13.7). Sem dúvida, havia algo errado com a figueira, já que ela não produzia frutos há três anos. Em qualquer jardim, ninguém manterá uma orquídea que não floresce, nem deixará um limoeiro improdutivo em seu pomar; afinal, ocupariam espaço em vão. Portanto, a ordem para remoção fazia sentido. O jardineiro, triste com a decisão de seu senhor, intercedeu em favor da figueira: "[...] deixe-a por mais um ano, e eu cavarei ao redor dela e a adubarei. Talvez dê fruto no futuro [...]" (Lucas 13.8-9).

Seu pedido trouxe esperança a uma árvore que parecia condenada. Ele se comprometeu a tratá-la para que pudesse, enfim, dar frutos. Não são raras as vezes nas quais áreas em nossa vida parecem estéreis, e a esterilidade é uma verdade dolorosa de se enfrentar. Para realmente compreendermos por que certos galhos não produzem frutos, precisamos examinar as raízes. Muitas vezes, o diagnóstico está escondido. Por essa razão, o agricultor planejava "cavar" ao redor da figueira. "Cavar ao redor" significa expor as raízes e enfrentar o problema sem demora ou subterfúgios.

Jesus sempre abordava o problema em sua "raiz". Quando encontrou o jovem rico, ele foi direto ao ponto: "[...] Falta uma coisa a você: vá, venda tudo o que possui e dê o dinheiro aos pobres, e você terá um tesouro no céu. Depois, venha e siga-me" (Mateus 10.21). Embora suas palavras fossem aparentemente duras, eram uma expressão de amor, pois no mesmo versículo está escrito: "Jesus olhou para ele com amor [...]". Foi a única vez em que ele falou para alguém vender tudo o que tinha e dar o valor arrecadado aos pobres. E ele fez isso porque sabia que o dinheiro era um ídolo na vida daquele rapaz. Outro exemplo de como Cristo lidava com situações difíceis é a história da mulher cananeia. Em meio ao seu desespero, ela tenta de todas as formas falar com ele. A cena era caótica; ela clamava por ajuda e seus pedidos aos prantos incomodaram até os discípulos:

> Uma mulher cananeia, natural dali, veio a ele, gritando: "Senhor, Filho de Davi, tem misericórdia de mim! Minha filha está endemoniada e sofrendo muito". Jesus, porém, não lhe respondeu nenhuma palavra. Então, os seus discípulos se aproximaram dele e pediram: "Manda-a embora, pois vem gritando atrás de nós" (Mateus 15.22-23).

Jesus inicia, portanto, um processo de escavação para adubar, corrigir e tratar as raízes da mulher. Antes de qualquer coisa, ele a ignora: "Jesus, porém, não lhe respondeu nenhuma palavra [...]" (Mateus 15.23). Depois, ele a compara a um cão: "A mulher veio, adorou-o de joelhos e disse: 'Senhor, ajuda-me!'. Ele respondeu: 'Não é certo tirar o pão dos filhos e lançá-lo aos cachorrinhos'. Ela, porém, disse: 'Sim, Senhor, mas até os cachorrinhos comem das migalhas que caem da mesa dos seus donos'" (Mateus 15.25-27).

Mesmo ignorada e humilhada, ela não desistiu, e sua resposta chamou a atenção de Jesus. Vale lembrar que estamos falando de uma mulher siro-fenícia, de origem grega, e os gregos eram conhecidos como o povo mais soberbo daquele tempo. Para uma pessoa da Grécia, ser humilhada e ignorada por um judeu e ainda reconhecer sua necessidade publicamente era algo inimaginável. Foi justamente isso que provocou a manifestação dos frutos da fé daquela mulher: "Jesus respondeu: 'Mulher, grande é a sua fé! Seja feito conforme você deseja'. Naquele mesmo instante, sua filha foi curada" (Mateus 15.28).

As raízes dela foram tratadas. Muitos de nós precisamos também ter nossas raízes expostas e curadas. Quantas pessoas já não foram feridas pela religião ou por líderes que exerceram autoridade de maneira abusiva? Como consequência, hoje, levam uma vida medíocre, triste e sem propósito. Não conseguem se submeter a mais ninguém, afinal, como diz o ditado, "gato que toma tijolada não dorme em olaria". Em casos assim, Jesus precisa levar a pessoa a um lugar de cura, que normalmente é onde foi magoada. Ele não deixa escondida a raiz ferida, mas a traz à luz, pois só existe restauração na luz.

Chamamos as situações de falta de perdão, abandono, opressão, abuso e tantas outras mazelas de "raízes de amargura". Elas nos impedem de frutificar e, entre todas, a falta de perdão é uma das mais fundas e difíceis de extirpar. Quando não perdoamos e guardamos rancor, é como se estivéssemos segurando uma granada sem o pino — o problema permanece conosco, prestes a explodir a qualquer momento. Para termos nossas raízes saradas e, finalmente, frutificarmos, precisamos ser libertos de qualquer mazela. Muitas vezes, ao falar sobre libertação, pensamos em processos complexos e misteriosos. Não pretendo me aprofundar na questão, mas creio que a libertação é muito mais simples do que muitos pregam por aí. Existe muito misticismo e confusão acerca do assunto.

Certa vez, enquanto ouvia o pastor Marcos Borges, conhecido como Coty, pregar na Jocum de Curitiba, entendi algo transformador sobre o conceito de libertação. Ele explicou que o processo pode ser comparado a uma situação em que alguém tem em seu quarto restos de comida estragada, sujeira, lixo, etc. Naturalmente, essas coisas atraem moscas, baratas e ratos. Agora, não adianta nada espantar essas "pragas do Egito"; é necessário retirar o lixo primeiro e, automaticamente, os ratos, as baratas e as moscas irão embora. Jesus deseja remover toda a sujeira de nossa vida e cultivar uma intimidade conosco. Só assim poderemos florescer e dar bons frutos.

No ano de 2007, minha esposa recebeu uma palavra do Senhor. Ele lhe pediu para que se afastasse de todas as suas funções eclesiásticas por um ano. Viviane era ministra de louvor, pastoreava comigo e realizava reuniões com mulheres, além de outras responsabilidades. O pedido foi claro: "Um ano". Intrigada, ela perguntou a Deus o que deveria fazer durante esse tempo. Em resposta, ele pediu que se envolvesse em um trabalho de evangelização e discipulado em uma zona de prostituição da nossa cidade. Ele mostrou todos os detalhes em sonhos e, também, deu à minha esposa várias confirmações. Não havia dúvidas. Nesse período de um ano, ele cavou na vida da minha esposa, pôs à prova suas motivações, adubou sua fé e expôs suas raízes. Eis o relato da experiência dela:

> Foi durante um processo de transformação de Deus em minha vida que compreendi ser necessário me afastar das responsabilidades religiosas para permitir que ele tratasse minhas motivações mais secretas. Assim, aprendi que ser é mais importante do que fazer algo. Meu coração estava como aquela figueira descrita em Lucas 13 — sem frutos, vida e verdade. Precisava desesperadamente que as doces mãos do jardineiro Jesus tocassem meu coração, minhas raízes e curassem minha esterilidade. Lembro-me de chorar por horas no chão quando percebi que o que eu estava oferecendo a ele eram folhas, e não frutos. Oferecia meus dons e talentos, mas nunca frutos. As coisas que fazemos para o Senhor são folhas que servem para a cura das pessoas, mas é a nossa índole e forma de viver que constituem os frutos que ele procura. Durante um ano, pude sentir as mãos do meu amado Jesus me curando e removendo o orgulho, a altivez, as mentiras e todas as deformações de caráter. Muitos podiam me olhar e pensar: "Que retrocesso". Mas o Pai olhava para mim e dizia: "Fique tranquila! Você está segura em meus braços. Ainda que suas

> raízes estejam expostas, elas estão seguras em minhas mãos". O que parecia ser um fracasso aos olhos dos homens, conduziu-me a um lugar de busca pela aprovação e direção de Jesus. Logo, os frutos começaram a nascer.

E foram muitos os frutos desse "um ano", e cada um tem um nome lindo que foi escrito no livro da Eternidade. Pessoas tiveram sua dignidade restaurada, seus futuros mudados e seus sonhos restituídos. Existem momentos que, à primeira vista, parecem ser períodos de retrocesso ou fracasso. Nós nos sentimos "feios"; afinal, uma árvore com raízes descobertas não é elegante. No entanto, o Jardineiro traz certas coisas à tona com um propósito. E, mesmo que o processo envolva uma exposição temporária que nos faça sentir envergonhados, o objetivo final é sempre nossa restauração. É para o nosso bem que ele escava a terra ao nosso redor, aduba-nos e expõe nossas raízes.

CAPÍTULO

22

JARDIM FECHADO

Jardins são espaços bem pessoais. Alguns até possuem placas de advertência como "Não pise na grama" ou "Não toque nas flores" — indicativos do zelo e "ciúmes" de um proprietário que dedicou tempo e esforço para manter suas árvores e plantas sempre bem-cuidadas. Curiosamente, as Escrituras Sagradas comparam nosso relacionamento com o Senhor ao de um jardineiro com seu jardim: "Você é um jardim fechado, minha irmã, minha noiva; você é um manancial fechado, uma fonte selada" (Cântico dos Cânticos 4.12).

Cântico dos Cânticos descreve um lindo relacionamento entre um noivo e sua noiva. O livro está repleto de palavras de carinho, paixão e expressões de um relacionamento íntimo e intenso. É no meio desse contexto amoroso que surge a comparação que mencionei, e a ideia remete a todo um processo de cultivo, ornamentação e preparo. Nós somos o Jardim de Deus; um lugar de beleza e sacrifício, cores e cruz, flores e espinhos, elogios e julgamentos. Todos esses processos fazem parte da vida de quem se entrega às mãos do Jardineiro. E não podemos nos esquecer de que tudo pertence a ele, portanto à hora que quiser, ele tem o direito de usufruir dos aromas, cores e delícias de seu jardim: "Acorde, vento norte! Venha, vento sul! Soprem no meu jardim para que essa fragrância se espalhe ao redor. Que o meu amado entre no seu jardim e saboreie os seus frutos seletos" (Cântico dos Cânticos 4.16).

Não servimos nem adoramos a nenhum outro deus. Uma vida que ilustra bem essa verdade é a do rei Davi. Apesar de suas transgressões, ele foi considerado um "homem segundo o coração de Deus" (cf. Atos 13.22). Mas por quê? Ele nunca vacilou em um mandamento: "Não tenha outros deuses além de mim" (Êxodo 20.3). Davi era um jardim de propriedade exclusiva do Altíssimo, a quem honrava e temia acima de tudo.

Quando compreendemos que nossa vida pertence a Deus e que ele é um jardineiro fiel para cumprir a obra de ornamentação que começou em nós, passamos a ver as coisas sob uma nova perspectiva. Esse entendimento nos liberta para o honrar, amar e convidar para que entre e coma dos frutos que produzimos para ele. Tudo o que somos e temos — nossos dons, bens materiais, etc. — são do Senhor. Os ventos que sopram do Norte e do Sul não vêm para nos arrancar, mas para extrair de nós um aroma suave para ele.

Não somos apenas um jardim exclusivo, mas também fechado; e um "jardim fechado" é um espaço santo. Jesus sabe que existe algo que pode separar o homem de Deus: suas maldades e seus pecados (cf. Isaías 59.2). É por isso que ele nos adverte por meio do apóstolo João: "Meus filhinhos, escrevo a vocês estas coisas para que não pequem. Se, porém, alguém pecar, temos um intercessor junto ao Pai, Jesus Cristo, o Justo" (1João 2.1).

Ser santo, contudo, não significa ser perfeito. Como meu mentor e "paistor" Luiz Hermínio costuma dizer: "Santo não é quem nunca se suja, mas quem sempre se limpa". Um jardim de Deus é sempre limpo pelo Jardineiro. Ele tem ciúmes de nós; afinal, pagou um alto preço por nossa vida. É por isso que coloca muros ao nosso redor e nos cerca com cordas de amor. Ele está nos santificando por meio de um processo que envolve podas, espinhos, invernos rigorosos e desertos, onde ele nos leva para falar conosco e trazer a esperança da primavera em pleno outono: "Portanto, agora, vou atraí-la; vou levá-la para o deserto e falar-lhe com ternura" (Oséias 2.14).

Quando chego em casa, após um dia cansativo de trabalho, meu prazer não está em ver que minha filha arrumou seu quarto, tirou notas boas na escola ou ajudou a mãe a cuidar da sua irmã. Essas coisas são importantes e, sem dúvida, me deixam feliz, mas o que desejo mesmo é abraçá-la e beijá-la. Não foram poucas as vezes em que cheguei e ela veio correndo com uma prova nas mãos para me mostrar sua nota. Primeiro, dou um beijo e um abraço nela, depois, vejo sua nota. Ela é minha filha, não minha aluna. Ela é minha.

Da mesma forma, somos propriedade do Senhor, e ele tem zelo por nós, seu jardim fechado e fonte selada. Nosso Pai Celestial não está apenas interessado em saber o que fazemos ou conquistamos, mas deseja intimidade conosco. Quando olha para nós, ele anseia desfrutar dos aromas da nossa adoração e colher os frutos do nosso relacionamento com ele. Lembre-se, é nesse espaço de exclusividade que encontramos nosso verdadeiro propósito e prazer.

Sabe por que Deus coloca muros ao nosso redor e nos cerca com cordas de amor? Ele tem ciúmes de nós; afinal, pagou um alto preço por nossas vidas!

CONCLUSÃO

Em todas as lições que aprendi em meu Jardim, percebi o amor de Deus sendo revelado a mim. Cada exortação e incentivo que recebi, cada cura que vivenciei e, até mesmo, a simplicidade das suas palavras, tudo me levou a amar ainda mais o Deus que, na intimidade, chamo de Aba Pai. Minha oração é que, assim como eu, todos os que foram abençoados por essas lições possam cultivar seus próprios jardins.

Não importa onde você mora, se em uma casa ou apartamento, existe um jardim que todos podemos ter; aquele do qual Adão foi expulso, mas para onde, por meio de Jesus, podemos retornar e nos encontrar com Deus. Nossas raízes serão expostas, porém curadas; folhas cairão, mas novas nascerão; enfrentaremos invernos rigorosos, no entanto a primavera chegará no tempo certo.

Disto temos certeza, o Jardineiro sempre nos observa; ele jamais nos abandonará e sempre continuará a nos podar com amor para que possamos dar muitos frutos, e frutos que permaneçam.

PALAVRA DE ENCORAJAMENTO

Se, de alguma maneira, você foi abençoado, edificado ou restaurado ao ler este livro, gostaria de conhecer seu testemunho. Encorajo você a escrever para mim e contar qual lição Jesus falou ao seu coração.

telmomartinello@icloud.com

vivitelmo@hotmail.com

Esta obra foi composta em *Askan*
e impressa por *Piffer Print* sobre papel
Offset 90 g/m² para Editora Vida.